Nadja Baudry

Die Vision der personenzentrierten Familie Gemeinsam leben statt nur zusammenwohnen

Diplomica® Verlag GmbH

Baudry, Nadja: Die Vision der personenzentrierten Familie: Gemeinsam leben statt nur zusammenwohnen. Hamburg, Diplomica Verlag GmbH 2012

ISBN: 978-3-8428-7320-9
Druck: Diplomica® Verlag GmbH, Hamburg, 2012

Bibliografische Information der Deutschen Nationalbibliothek:
Die Deutsche Nationalbibliothek verzeichnet diese Publikation in der Deutschen
Nationalbibliografie; detaillierte bibliografische Daten sind im Internet über
http://dnb.d-nb.de abrufbar.

Die digitale Ausgabe (eBook-Ausgabe) dieses Titels trägt die ISBN 978-3-8428-2320-4
und kann über den Handel oder den Verlag bezogen werden.

Inhaltsverzeichnis

1 Einleitung

Die Institution der Familie hatte und hat immer noch eine absolut zentrale Bedeutung sowohl in der Gesellschaft als auch im Leben jedes Einzelnen. Durch den Wandel der Leitbilder und Werte von Familien hat sich im Laufe der Zeit zwar radikal verändert, was es bedeutet, in einer Familie zu leben, dennoch hat die Institution Familie nie an Bedeutung verloren. Sie ist die flexibelste aber auch zerbrechlichste Form des menschlichen Miteinanders, welche unabhängig von Kultur, Epoche, Bildung, Gesellschaftsform, Politik etc. Fortbestand hat. Das ist ein Zeichen ihrer fundamentalen Bedeutung im Leben des Menschen. „Die Familie ist vom ersten bis zum letzten Atemzug Zeuge unserer Existenz."[1] Sie ist der Startpunkt jedes Lebens und befriedigt unsere Bedürfnisse nach körperlichen, emotionalen und geistigen Beziehungen, nach Pflege, Kommunikation und Sexualität (Ehepaar). Sie hat die Funktion, ihre Mitglieder in ihrer eigenen sozialen Gruppe darauf vorzubereiten, ihren Platz in der größeren sozialen Gruppe zu finden, indem sie ihnen hilft, die Werte und Traditionen dieser Gruppe zu verinnerlichen. Ein Ziel ist es also, die Familienmitglieder als selbständige, autonome Wesen in die größere Gemeinschaft zu entlassen. Dort sollen sie dann ihre eigene Vorstellung von der Familie verwirklichen. Dieser Kreislauf zeigt, was für einen großen Einfluss und Kraft die Familie hat und damit natürlich auch eine enorme Verantwortung.[2]

Verläuft das Miteinander harmonisch und liebevoll, offen und wachstumsfördernd, können sich die einzelnen Persönlichkeiten durch den Halt und die Kraft der Gemeinschaft voll entwickeln, und Potentiale werden freigesetzt. Zerfällt sie hingegen, kann ein ähnlich großes Potential an Zerstörungskraft aus ihr wachsen. Es obliegt der Verantwortung jedes einzelnen Familienmitglieds, über die Entwicklung ihrer Gemeinschaft zu entscheiden. Das Projekt Familie kann damit eine der größten Chancen im Leben sein, in seiner Persönlichkeit zu wachsen und sowohl individuelle als auch gemeinschaftliche Potentiale zu entfalten – oder aber eines der größten Schicksale im Leben, die uns zu ewigen Opfern unserer Kindheit machen, indem wir alte Verletzungen und Missverständnisse aus der Herkunftsfamilie in unsere eigens gegründete weitertragen und – sei es unbewusst oder bewusst – den Kreislauf fort-

---

[1] Hofer, Klein-Allermann, Noack 1992, S.1
[2] Ebd. S. 1 ff.

setzen. Die Schmerzen, die wir in unserer Kindheit erlebt haben und nicht zum Ausdruck bringen konnten, tragen wir mit uns herum bis ins Erwachsenenalter. Die Familie bietet die intensivsten Bindungen zwischen Menschen, und intensive Bindungen führen dazu, dass alte Wunden aufplatzen. In unserer Kommunikation und Interaktion innerhalb der Familie offenbaren sich dann in unseren Reaktionen all diese Ärgernisse und Schmerzen, die wir in der Vergangenheit nicht haben überwinden können. Das Fatale an der Sache ist, dass wir dann unserem jeweiligen Gegenüber unterstellen, er habe sie verursacht. [3]

Diese Art der Projektion ist oft sogar schon eine bedeutende Komponente beim Eingehen einer Paarbindung. Das Paar sucht in seinem Gegenüber unbewusst den Menschen, der seine alten Wunden heilen soll. Die Frau baut z.B. darauf, dass der Mann der Vater ist, der sie niemals verlassen wird, während der Mann hofft, dass sie die Mutter ist, die ihn bedingungslos akzeptiert. Wenn die beiden dann merken, dass diese Hoffnungen sich nicht erfüllen, fangen sie an, unzufrieden mit dem Gegenüber zu werden und ihn zu beschuldigen. Es entsteht eine innere Leere, ohne dass die Partner genau wissen, wie es dazu kommen konnte. Sie fühlen nur, dass der andere sie nicht zu füllen vermag, und oft genug entsteht aus diesem Gefühl der Wunsch, ein Kind zu haben. Letztlich entscheiden sich dann zwei augenscheinlich erwachsene Menschen für das hoffnungsvolle Projekt Familie, und im Grunde genommen leben hier zwei bedürftige Kinder zusammen, die ihr Heil wiederum in ihrem Kind suchen.[4]

Die beschriebenen Szenarien erscheinen auf den ersten Blick mitunter etwas pathetisch oder dramatisiert, diese Überzeichnung ist aber bewusst gewählt, um zu verdeutlichen, was die Motivation dieses Buches ist. Die geschilderte Problematik kommt im Laufe der Epochen innerhalb der Familie zwar unterschiedlich zum Ausdruck, in ihrer bloßen Existenz ist sie aber zeitlos. Um den Kreislauf von festgefahrenen, manifestierten und internalisierten Familientraditionen, -kulturen und Glaubenssätzen nachhaltig zu unterbrechen und neue, innovative und wachstumsfördernde Lebensumstände innerhalb einer Familie zu erschaffen, braucht es einen frischen Wind, einen radikalen Umschwung, eine absolutes Neudenken, welches in Grunde

---

[3] Bucay 2010, S. 64 ff.
[4] Ebd., S.68

schon seit 30 Jahren existiert. Der personenzentrierte Ansatz nach Carl Rogers gewinnt in Zeiten der Individualisierung, Selbstverwirklichung und des Bewusstseinswandels eine ganz neue Bedeutung und könte gerade heute in den gelebten Familienbeziehungen eine alltagstaugliche angewandte Praxis finden.

Das Ziel dieses Buches ist es, die von Rogers entwickelten Aspekte eines personenzentrierten Ansatzes auf das Leben in der Familie zu übertragen. Meine Recherchen haben ergeben, dass heutzutage zwar zahlreiche personenzentrierte Beratungsangebote und Therapien existieren, dieser Ansatz sich aber immer auf die Haltung des Therapeuten/Beraters[5] bezieht und es bisher keine klaren Konzepte, Schriften oder Untersuchungen darüber gibt, eine personenzentrierte Haltung in das alltägliche Familienleben eines „Laien" zu übertragen. Um einen personenzentrierten Familienalltag als „Konzept" darstellen zu können, habe ich einige ausgewählte Untersuchungen und Ansätze, die Rogers' Theorie aufgreifen, betrachtet und bzgl. der Zielsetzung dieses Buches bewertet. Die daraus herausgearbeiteten Aspekte werden dann zusammenfassend erläutert und durch weitere Ideen ergänzt, um somit den Ausblick einer möglichen personenzentrierten Familienkultur zu entwerfen.

1.1 Aufbau des Buches

Dieses Buch beginnt mit dem Kapitel „Einleitung", in welchem zunächst das Thema erläutert und meine Zielsetzung definiert werden. In diesem Zusammenhang findet auch eine Abgrenzung der ausgewählten theoretischen Grundlangen zu anderen Ansätzen und Modellen aus dem Bereich der Psychologie, Soziologie und Pädagogik statt.

In dem Kapitel „Entwicklung und Verwandlung der Gemeinschaft „Familie"" wird nach einer kurzen Begriffsdefinition von Familie die Entwicklung der Eheschließungs- und Scheidungsraten in Deutschland dargestellt, um den Wandel unserer Gesellschaft im Bezug auf Normen und Werte zu verdeutlichen. Abschließend wird mit einem groben Einblick in die bestehenden Hilfsangebote im Bereich der Familien-, Ehe- und Erziehungsberatung der gesellschaftliche Bedarf an Unterstützung begründet. Dieses Kapitel soll dem Leser lediglich einen Einstieg in das Thema Familie geben und ihre heutige Bedeutung nachvollziehbarer machen.

Das Kapitel „Grundlagen" führt den personenzentrierten Ansatz nach Carl Rogers ein und begründet durch die Ausführungen des Gordon-Modells und der Untersuchungen von Reinhard und Anne-Marie Tausch die Bedeutsamkeit der Qualität von Beziehungen. Hierbei werden Prinzipien und Dimensionen definiert, welche für die persönliche Entwicklung förderlich sind und deren Anwendbarkeit verdeutlichen.

Das Kapitel „Der personenzentrierte Ansatz als Familienkultur" ist das Herzstück dieses Buches und stellt meine Vision der „neuen Familie" vor. Hierbei wird insbesondere auf die Eltern-Kind-Beziehung und auf die Paarbeziehung der Eltern eingegangen und dargestellt, inwiefern sich eine personenzentrierte Haltung auf die Interaktionen und das tägliche Miteinander innerhalb der Familie auswirkt. Hierfür werden neben Rogers' theoretischen Aspekten und seinen Erfahrungsberichten auch die Prinzipien des Elterntrainings von Gordon sowie Juuls Ausführungen über Familienbeziehungen aufgegriffen und in die Vision der „neuen Familie" eingebaut.

Abschließend wird in einem Fazit die Zielsetzung aufgegriffen und zur Umsetzung der theoretischen Erkenntnisse in Bezug auf das Ziel Stellung genommen. Am Ende des Buches erläutere ich in einem persönlichen Plädoyer meine Vision von authentischen, lebendigen Beziehungen und die persönliche Erfüllung, welche diese mit sich bringen.

1.2 Eingrenzung der theoretischen Grundlagen und Konzepte

Es existieren diverse Modelle, nach denen mit psychotherapeutischen oder pädagogischen Mitteln Verhaltensstörungen und persönliche Leidenszustände beeinflusst werden können. Therapie und Beratung setzen immer da an, wo bereits ein seelischer bzw. psychischer Notstand vorherrscht und der individuelle Leidensdruck zumindest so groß ist, dass Hilfe und Unterstützung von einem Außenstehenden gesucht wird. Das Ziel dieses Buches ist es aber, durch die Übertragung der personenzentrierten Aspekte auf das Familienleben eine Art Familienkultur zu entwickeln, welche einen absolut präventiven Charakter hat und somit ansetzt, bevor „das Kind in den Brunnen gefallen ist" und tatsächliche Notsituationen entstehen. Das zugrundeliegende Interesse ist demnach auf das persönliche Wachstum gerichtet und nicht auf den Umgang mit Verhaltensstörungen oder anderen psychischen Krankheiten. Es geht darum, therapeutisch wirksame Beziehungen aufzubauen und zu leben, welche die Entfaltung und das Wachstum der Persönlichkeit bestmöglich fördern. Genau hierin liegt auch der Unterschied zu vielen anderen soziologischen oder psychologischen Modellen und Konzepten. Es geht nicht darum, solche Bedingungen zu schaffen, dass Familien, Beziehungen, Freundschaften oder Arbeitsverhältnisse möglichst reibungslos funktionieren und lange bestehen bleiben, sondern vielmehr um das Schaffen von wachstumsfördernden, herausfordernden Bedingungen und um die Art und Weise, mit Konflikten umzugehen. Die Frage ist also: Was braucht es, damit sich alle Familienmitglieder in ihrer Familie gesehen, verstanden, respektiert, geschätzt, integriert, geliebt und gefördert fühlen? Was benötigt man für das Zusammenleben, damit alle Beziehungen untereinander geprägt sind von emotionaler Nähe, Offenheit, Persönlichkeitswachstum und tiefer Verbundenheit? Fakt ist, dass all diese aufgezählten Attribute – sofern sie in ihrer eigentlichen Form gelebt werden – positive Auswirkungen auf das persönliche Wohlbefinden haben und das Gemeinschaftsgefühl einer Gruppe erheblich stärken. Fakt ist aber auch, dass eine Beziehung umso riskanter und gefährdeter ist, je intensiver, offener und echter sie gelebt wird. Carl R. Rogers hat nicht nur eine neue Ausrichtung der Psychotherapie entwickelt, sondern darauf aufbauend eine neue Art, miteinander in Beziehung zu treten und daraus folgend eine neue Art des Zusammenlebens, sei es von Paaren, Familien oder Freunden entwickelt. Mit der Weiterführung dieser Vision des „Neuen Menschen" zur neuen Familienkultur beschäftigt sich diese Buch.

Aus diesem Grund werden andere therapeutische Perspektiven sowie die vielfältigen Elterntrainings und Elternberatungen in diesem Buch nicht weiter berücksichtigt, obgleich sie selbstverständlich für die Entwicklung und den Fortschritt in den Bereichen der Pädagogik und der Psychologie grundlegend und prägend sind. Einzig das Gordon-Modell mit seinem Eltern- und Familientraining wird von mir erläutert, da Thomas Gordon als ein Student, Freund und Mitarbeiter von Rogers den personenzentrierten Ansatz in seinen Arbeiten aufgegriffen und weiterverarbeitet hat.

2 Entwicklung und Verwandlung der Gemeinschaft „Familie"

Im diesem Kapitel wird zunächst der Begriff „Familie" erläutert. Im weiteren Verlauf dienen die Aufführung statistischer Daten bzgl. der Scheidungs- und Eheschließungsrate sowie ein Überblick der Beratungsangebote für Familien- und Paare als Ausgangspunkte für die Annahme eines gewissen gesellschaftlichen Hilfebedarfs in Fragen der Alltagsbewältigung und der zwischenmenschlichen Beziehungsgestaltung.

2.1 Definition des Begriffs Familie

Eine allgemeingültige, gesetzliche Definition von Familie gibt es nicht, und im Bürgerlichen Gesetzbuch werden nur Begriffe wie Verwandtschaft, Schwägerschaft, Adoption und Pflegekind verbindlich definiert. Der lateinische Begriff familia bedeutet Hausbestand/Hausgemeinschaft und ist abgeleitet von lat. „famulus" (der Haussklave). [6] Im Handlexikon für pädagogische Psychologie wird Familie als „biologisch-soziale Gruppe von Eltern mit ihren ledigen, leiblichen und/oder adoptierten Kindern" definiert. [7] Eine soziologische Definition der Familie formulieren Kurt Lüscher et al. wie folgt:" Der Begriff ‚Familie' bezeichnet in zeitgenössischen Industriegesellschaften primär auf die Gestaltung der sozialen Beziehungen zwischen den Generationen hin angelegte Sozialformen eigener Art, die als solche gesellschaftlich anerkannt und damit institutionalisiert werden".[8]

Darüber hinaus gibt es noch zahlreiche Definitionen aus der Soziologie, der Pädagogik und der Biologie. Es findet sich aber kaum eine Definition des Begriffs „Familie", welche biologische, rechtliche und gesellschaftliche Aspekte vereint.

In unserer heutigen Gesellschaft geht es in der Diskussion um die „Familie" meist um Menschen, die verwandt sind und zusammen wohnen. So wurde zum Beispiel für eine Volkszählung in den USA der Begriff der „Familie" offiziell definiert als „zwei oder mehr blutsverwandte, verheiratete oder adoptierte Menschen, die zusammen in einem Haushalt wohnen".[9]

---

[6] www.duden.de/rechtschreibung/familie
[7] Hans Schiefele, Andreas Krapp 1981, S. 124
[8] K. Lüscher, M. Wehrspaun, A. Lange 1989, S. 62.
[9] Erwin J. Haeberle 1985., Kapitel 3, Punkt 11.2

In dem vorliegenden Buch steht der Aspekt dauerhafter intimer Beziehungen zwischen Menschen im Mittelpunkt. Da diese Betrachtungsweise der Familie objektive Aspekte wie Emotionen, Gefühle und Nähe anstelle objektiver Kriterien in den Vordergrund stellt, ist sie für psychologische Zwecke angemessener.

2.2 Statistische Erhebungen

„Die Haushalte in Deutschland werden tendenziell immer kleiner. Dieser Trend ist seit Beginn der statistischen Erfassung Ende der 1950er Jahre zu beobachten. Eine Besonderheit in der Entwicklung der letzten drei Jahrzehnte besteht darin, dass die Einpersonenhaushalte zahlenmäßig alle anderen Haushaltsgrößen übertreffen – im Jahr 2006 lag ihr Anteil bei 38,8 Prozent aller Haushalte. Auch die Zahl der Zweipersonenhaushalte hat sich kontinuierlich erhöht. Die Zahl der Haushalte mit drei und mehr Personen sinkt dagegen beständig. Haushalte mit 5 und mehr Personen, die 1970 noch einen Anteil von 12,9 Prozent an allen Haushalten hatten, machten 2006 nur noch 3,7 Prozent aus."[10] Im Jahr 2006 wurden in Deutschland 373.681 Ehen geschlossen. 1950 lag die Zahl der Eheschließungen noch bei knapp 750.500. Die Zahl der Ehescheidungen von 1992 bis 2003 stieg, mit Ausnahme des Jahres 1999, beständig von 135.000 auf 214.000. Zwischen 1950 und 2006 wurden in Deutschland 7,7 Millionen Ehen geschieden.[11]

Dieser kurze Einblick in die Statistiken des Bundeszentralamtes gibt lediglich Aufschluss über den Rückgang von Eheschließungen und den Anstieg von rechtskräftigen Scheidungen in Deutschland innerhalb der letzten 56 Jahre. Die Ursachen für eine derartige Entwicklung sind keiner Statistik zu entnehmen, und selbst der kausale Zusammenhang mit einer generell vermehrten Unzufriedenheit in Ehen ist nicht ohne Weiteres herzustellen. Darüber hinaus ist eine Scheidung nicht unbedingt etwas Schlechtes, in manchen Fällen kann sie sogar Leben retten. Falls es so etwas wie einen Vorhersagefaktor für den Bestand von Ehen gibt, dann ist es sicherlich die Art und Weise, wie Ehepartner mit Konflikten umgehen. Auf diesen Punkt wird in Kapitel 4.3 weiter eingegangen. Die bloße Auflistung von Eheschließungs- und

---

[10] Statistisches Bundesamt: Statistisches Jahrbuch 2007 , PDF Version: 6.430 KB, Bevölkerung und Erwerbstätigkeit, Entwicklung der Privathaushalte bis 2025
[11] Ebd.

Scheidungsraten soll hier lediglich den Wandel in der Gesellschaft verdeutlichen bzw. die Veränderung der Bedeutung der Institution Ehe. Da sich das Thema dieses Buches mit der Familie und ihren Beziehungen befasst, ist es notwendig, die Bedeutung von Familie und Ehe im Vorfeld zu beleuchten sowie einen kurzen Überblick über ihre Entwicklung zu geben.

Tatsache ist, dass seit 1950 ein enormer Gesellschaftswandel stattgefunden hat im Bezug auf Werte, Normen und die Rolle der Frau. Traditionelle Werte verlieren immer mehr an Bedeutung, während der Aspekt Selbstentfaltung und die Planung eines individuellen Lebensentwurfes an Bedeutung gewinnen . Die Ehe als Institution steht heute nicht mehr vorrangig für die Erfüllung bestimmter Bedürfnisse wie z.B. Sexualität oder materielle Versorgung der Frau. Aus dem traditionellen Verständnis von Familie, nämlich dem Dasein für Andere (Kinder, Großeltern, Ehepartner), wurde immer mehr die Gestaltung eines selbst bestimmten Lebens.[12] Verschiedene Aspekte haben zu diesem Wandel der Familienstrukturen beigetragen. Die Angleichung der Bildungschancen beider Geschlechter hat dazu geführt, dass sich viel mehr Frauen gegen die Elternschaft entscheiden, um sich beruflich uneingeschränkt zu entfalten. Die Zweifel an der Vereinbarkeit dieser Lebensbereiche sind angesichts der vorherrschenden Betreuungs- und Unterstützungsmöglichkeiten von berufstätigen Müttern mit Kleinkindern nachvollziehbar. Ebenso hat sich die Anzahl der Männer, die sich gegen die Familiengründung entscheiden, erhöht, da private Interessen und Freiheiten mehr Gewichtung bekommen haben und die Angst vor der Aufgabe des Haupternährers, angesichts der heutigen Arbeitsmarktsituation, gestiegen ist. Durch die Reform des Scheidungsrechts 1976 wurde das Scheidungsverfahren vereinfacht, und die verbesserten Verhütungsmethoden führten zu einer einfacheren Geburtenkontrolle. Damit stieg die Scheidungs- und sank die Geburtenrate deutlich. Die beschriebenen Entwicklungen und Tendenzen zeigen, dass sich unsere westliche Gesellschaft in einem immer noch währenden Umbruch befindet. Die traditionellen Werte und Normen der älteren Generation existieren in ihrer ursprünglichen, dogmatischen Form nicht mehr, wurden aber auch nicht von einer neuen, klaren und einheitlichen Linie abgelöst. Es existieren heutzutage vielmehr diverse Lebensformen und Wertauffassungen nebeneinander, die geprägt sind von einer tendenziellen Offenheit gegenüber neuen Erkenntnissen und Sichtweisen über Themen wie Fami-

---

[12] Vgl.http://de.wikipedia.org/wiki/Familie

lie, Erziehung, Wertvorstellungen, Lebensformen und über den Sinn des Lebens. Ein menschliches Miteinander, welches auf den Grundprinzipien des personenzentrierten Ansatzes basiert, kann gerade in dieser Zeit einen wertvollen Nährboden finden.

2.3 Vielfalt der Hilfsangebote für Familien und Paare

Das Angebot regelt sich immer über den Bedarf, und dieser scheint in unserer Kultur unabhängig vom Wertewandel, vom gesellschaftlichen Frauen- und Familienbild sowie von der Individualisierungs- oder Pluralisierungstendenz zu sein. Es gibt in Deutschland zahlreiche Familienberatungsstellen, die vom Staat, von der Kirche oder auch von privaten Trägern angeboten werden. Der Begriff „Sozialpädagogische Familienhilfe" ist im Sozialgesetzbuch (SGB) als spezielle Hilfeform geprägt und unter dem §31 SGB VIII rechtlich verankert. Die Familienhilfe gehört im Familienrecht zu den Hilfen zur Erziehung (§ 27 SGB VIII).

Darüber hinaus bieten freie und private Träger aus dem Bereich der Jugendhilfe auch spezielle Gruppenangebote für Mädchen, Frauen, Jungen und Männer an, in denen durch gemeinsame Gespräche und Freizeitaktivitäten an den alltäglichen Problemen der jeweiligen Zielgruppe gearbeitet wird. Pädagogische Globalziele sind hierbei meist die Stärkung des Selbstbewusstseins, Kontaktherstellung zu Gleichgesinnten, die Entwicklung der Fähigkeit, eigene Gefühle wahrzunehmen und mitzuteilen und dabei die Erfahrung zu machen, dass dieser Vorgang von anderen Menschen wohlwollend aufgenommen wird. Des weiteren werden in diesen Gruppen persönliche Ziele und Perspektiven für das zukünftige Leben herausgearbeitet und hinterfragt sowie die Copingstrategien der Mitglieder erweitert und gefördert. Die Mitglieder solcher Gruppen sind Mädchen, Jungen, Mütter und Väter, und sie alle sind in ihrem privaten Leben ein Teil einer Familie, sei es nun ihrer Herkunftsfamilie oder auch der selbst gegründeten. Die Bedürfnisse und Hoffnungen, die sie zur Teilnahme an einer solchen Gruppe bewegen, haben ihren Ursprung fast immer in einem emotionalen Defizit bzw. Missstand innerhalb ihrer Familienbeziehungen. Tatsache ist auch, dass überall auf der Welt Klienten mit ihrem Psychotherapeuten schmerzlichen Kindheitserinnerungen aufarbeiten. Sie tragen u.U. seit Jahren Vorwürfe und Schuldgefühle gegenüber ihren Eltern und Geschwistern mit sich herum und bewerten gegenwärtige Ereignisse ihres Lebens stets durch diese vergangenheitsüberladene Wahrnehmung. Unterhaltungsangebote der Medien, sei es Fernsehen, Zeitschriften, Radiosendungen, beinhalten immer mehr Diskussionen, Foren und Ratgeber zum Thema Familie, Erziehung und Paarbeziehung. Der Bedarf der Menschen nach Hilfe und Unterstützung in ihren zwischenmenschlichen privaten Beziehungen und ihrem alltäglichen Familienleben ist also zweifellos vorhanden.

3 Grundlagen

Für die Zielsetzung dieses Fachbuches ist es wichtig, wissenschaftliche Modelle und Theorien aufzuführen, welche sich mit dem Thema förderlicher zwischenmenschlicher Beziehungen befassen. Da es in diesem Buch immer um die Grundaspekte des personenzentrierten Ansatzes geht, findet eine Eingrenzung auf die Theorien von Carl Rogers und einigen ausgewählte Autoren statt, die sich in ihren Ausführungen und Untersuchungen   klar auf Rogers beziehen oder eine starke Parallele darin haben.

3.1   Der personenzentrierte Ansatz nach Carl R. Rogers

Carl R. Rogers wurde 1902 in Oak Park, dem Staat Illinois der USA geboren und starb am 4. Februar 1987 in La Jolla, Kalifornien. Rogers gilt als einer der Hauptvertreter der Humanistischen Psychologie. Er war nach seinem Studium 12 Jahre lang psychotherapeutisch und beratend tätig und lehrte dann von 1940 bis 1963 an drei amerikanischen Universitäten als Professor für Psychologie. Sein gesamtes Berufsleben lang beschäftigte er sich mit der Frage nach den Bedingungen, die dazu führen, dass eine Person von sich aus über ihr Erleben und ihre Gefühle spricht, sich dabei besser verstehen lernt und schließlich zu Einstellungs- und Verhaltensänderung gelangt.[13] „Seine Beobachtungen über den Zusammenhang zwischen personzentrierter Haltung und konstruktiven Persönlichkeitsveränderungen konnten mit einer Reihe von empirischen Untersuchungen überprüft und in den wesentlichen Punkten bestätigt werden."[14]

---

[13] http://de.wikipedia.org/wiki/Carl_Rogers, besucht am 09.08.2011
[14] Ebd.

1941 schrieb er ein Buch über Beratungstechnik und Psychotherapie, welches 1941 unter dem Originaltitel „Counselling and Psychotherapy"[15] erschien. Der Inhalt dieses Buches beschäftigt sich ausschließlich mit der verbalen Interaktion zwischen Helfer und Hilfesuchenden. 1951 erschien dann sein Buch „Client-centered therapy"[16], in welchem Rogers seine Sichtweise umfassender darlegt und zum ersten Mal weitergehende Implikationen berücksichtigt und Konzepte wie Gruppentherapie oder schülerzentrierten Unterricht erörtert. In seinem Werk „On Becoming a Person"[17], welches 1961 erschien, stellt Rogers diverse Aufsätze sowie Auszüge aus aufgezeichneten Therapiegesprächen zusammen, die zwischen 1951 und 1961 entstanden sind. Sein Anliegen war es, diese Arbeiten zum ersten mal nicht nur für Fachpsychologen, sondern auch für den „intelligenten Laien" zugänglich zu machen.[18] Er schreibt „ich hoffe aufrichtig, dass viele Menschen, die kein besonderes Interesse an Fragen der Beratung oder Psychotherapie haben, feststellen werden, dass die Lernerfahrungen aus diesem Bereich auch sie in ihrem Leben stärken können."[19] Aufgrund der Erkenntnis über die weitreichende Anwendbarkeit seiner Theorie entwickelte sich die anfangs „non-direktive Beratung" über die „klientenzentrierte Psychotherapie" hin zu einem „personenzentrierten Ansatz".

3.1.1 Die Persönlichkeitstheorie

Rogers' Persönlichkeitstheorie und sein klienten- bzw. personenzentrierter Ansatz, welcher darauf basiert, wird der humanistischen Psychologie zugeordnet, welche eine phänomenologische Orientierung hat. Das bedeutet, dass vorurteilsfrei von den Dingen an sich ausgegangen wird und der Mensch als einzigartiges Individuum gesehen wird, mit der Fähigkeit zu Selbstständigkeit, Selbstbewusstsein und Stabilität. Rogers vertritt die Grundüberzeugung, dass der Mensch von Natur aus gut ist und in sich die Fähigkeit trägt, sich selbst zu entwickeln und zu verwirklichen. Es wohnt in jedem Menschen diese treibende Kraft nach konstruktiver Veränderung und Selbstverwirklichung. Rogers nennt diesen Aspekt in seiner Theorie die „Aktualisie-

---

[15] Der deutsche Titel lautet „die nicht-direktive Beratung"
[16] Der deutsche Titel lautet „die klientenzentrierte Gesprächspsychotherapie"
[17] Der deutsche Titel lautet „Entwicklung der Persönlichkeit"
[18] Rogers 1988, S.13
[19] Ebd.

rungstendenz". Diese Tendenz strebt nach Erhaltung und Förderung des Organismus'. [20]

Der sog. organismische Bewertungsprozess beurteilt Erfahrungen stets danach, ob sie für den Organismus als Ganzes erhaltend oder förderlich sind oder ob sie eher hemmend wirken. Im Laufe der Entwicklung eines Kindes als psychische Struktur entsteht dann das „Selbst" und als Teil der Aktualisierungstendenz entsteht die „Tendenz zur Selbstaktualisierung".[21] Hier werden Erfahrungen nunmehr danach bewertet, ob sie für den Organismus förderlich sind und ob sie für das Selbstkonzept förderlich sind. Da die Entstehung des Selbst unmittelbar mit dem Verlangen nach unbedingter Wertschätzung verbunden ist, richtet sich das Kind mehr und mehr nach den Bewertungen seiner Bezugspersonen und weniger nach seinen eigenen organismischen Bewertungen. Die eigenen Bedürfnisse werden immer weniger wahrgenommen und zugunsten einer positiven Zuwendung seitens der Bezugspersonen unbewusst in den Hintergrund gedrängt. Erfahrungen finden durch die „bewertende Brille der Erwachsenen" statt und werden somit oft verfälscht oder verleugnet, da sie ansonsten nicht mit dem Selbstkonzept übereinstimmen, welches sich, geprägt durch das Umfeld und die Beziehungen, aufgebaut hat. Rogers nennt diesen Prozess „die grundlegende Entfremdung im Menschen".

Entsteht nun eine Diskrepanz zwischen der Aktualisierungstendenz und der Selbstaktualisierungstendenz, spricht Rogers von „Inkongruenz". Dem Erhalt des Selbstkonzepts wird meist Vorrang vor dem Erhalt des Organismus' gegeben.
Das Ziel der klientenzentrierten Therapie ist es von daher, eine Übereinstimmung des Selbstkonzepts mit den organismischen Bewertungen herzustellen. Das Selbstkonzept muss dafür flexibler werden, sodass der Klient mehr und mehr Erfahrungen in sein Selbstbild integrieren und somit für sich akzeptieren kann. Es werden bestenfalls alle positiven und negativen und alle bisher verzerrten und verleugneten Erfahrungen in das Selbstkonzept integriert, wobei Rogers dann von der sog. „fully-functioning-person" spricht. „Das bedeutet nicht, dass ein voll funktionsfähiger Mensch sich ständig all seiner inneren Vorgänge bewusst ist. Es bedeutet vielmehr, dass dieser Mensch fähig wäre, ein Gefühl subjektiv zu erleben, aber auch sich

---

[20] Organismus bedeutet hier die physische und psychische Ganzheit des Menschen.
[21] Rogers 1983, S.40, S. 139

dieses bewusst zu machen."[22] Das bedeutet, dass er einerseits Gefühle wie Liebe, Angst oder Trauer subjektiv erleben und damit erfahren kann, dass er andererseits aber auch bewusst erkennen kann: „Ich liebe", „Ich habe Angst" oder „Ich bin traurig". Für eine sog. voll funktionsfähige Person gibt es „keine Schranken und keine Hemmungen, die ihn daran hindern, alles was organismisch vorhanden ist, voll zu erleben."[23] Wenn ein Mensch auf diese Art und Weise funktioniert, hat er sehr großes Vertrauen in seine Entscheidungen und Erfahrungen, selbst wenn hiervon nur Aspekte in sein Bewusstsein dringen.

Im nächsten Abschnitt wird weiterführend auf die klientenzentrierte Gesprächsführung eingegangen, und ihre spezifischen Merkmale werden erläutert. [24]

3.1.2 Die klientenzentrierte Gesprächsführung

Nach Rogers' klientenzentriertem Ansatz ist die Beziehung zwischen Berater und Therapeut eine therapeutische Qualität an sich und zentraler Wirkungsfaktor des therapeutischen Verlaufs. Rogers geht, wie im vorstehenden Absatz bereits erläutert, davon aus, dass der Mensch potentiell über alle Möglichkeiten verfügt, um sich selbst zu begreifen und um seine Selbstkonzepte, seine Grundeinstellungen und sein selbstgesteuertes Verhalten zu verändern. Dieses Potential kann, seiner Meinung nach, nur dann erschlossen werden, „wenn es gelingt, ein klar definierbares Klima förderlicher psychologischer Einstellungen herzustellen."[25]

Er definiert hierzu drei Bedingungen, welche für die Entstehung eines derart wachstumsfördernden Klimas vorausgesetzt sein müssen. Diese Bedingungen gelten dabei nicht nur für die Beziehung zwischen Therapeut und Klient, sondern für jede Situation, in der eines der gesetzten Ziele die persönliche Entwicklung ist. Insofern sind sie ebenso anzuwenden im Verhältnis zwischen Eltern und Kind, Leiter und Gruppe, Lehrer und Schüler oder Führungskraft und Mitarbeiter etc.[26]

---

[22] Rogers 1962, S. 25
[23] Ebd. S. 25
[24] Ebd. S. 40 ff.
[25] Rogers 1991, S.66
[26] Ebd. S. 66 ff.

Die erste Bedingung bezeichnet Rogers als Echtheit oder Kongruenz. Je mehr der Therapeut in der Beziehung zum Klienten er selbst ist, desto größer ist die Wahrscheinlichkeit, dass der Klient sich öffnen, äußern und auf konstruktive Weise wachsen wird. Das bedeutet, dass der Therapeut darauf verzichtet, sich in einer erhabenen Rolle zu sehen bzw. zu verhalten und keinerlei professionelles Gehabe und keine persönliche Fassade nötig hat. Hierfür bedarf es seinerseits natürlich der Fähigkeit, mit seinen aktuellen Gefühlen und Gedanken stets in Kontakt zu sein. D.h.: Das Erlebte ist dem Bewusstsein zugänglich, denn nur so kann es in der Beziehung gelebt und ggf. kommuniziert werden. Der Therapeut macht sich damit seinem Klienten gegenüber vollkommen transparent. Nur so kann er dem Klienten als Person begegnen und in dieser Beziehung eine Gleichwertigkeit entstehen. Der Klient kann und wird durch diese Echtheit und Offenheit des Beraters angeregt, sich selber zu öffnen und Vertrauen zu fassen. Auch kann der Klient nur dann eine unbedingte Wertschätzung annehmen, wenn er den Berater als stimmig und echt erlebt. Des Weiteren ist die Stimmigkeit des Beraters auch eine unabdingbare Voraussetzung für Empathie und bedingungslose Wertschätzung, welche die weiteren förderlichen Aspekte des Beziehungsangebotes darstellen.

Das Akzeptieren, die Anteilnahme und die unbedingte Wertschätzung sind unabdingbar: Der Berater nimmt den Klienten als Person an, akzeptiert und wertschätzt ihn, unabhängig von dessen Verhaltensweisen, Handlungen oder Erscheinungsbild. Der Klient wird als Mensch respektiert und bedingungslos akzeptiert. Sein Verhalten und seine Einstellungen ändern nichts an seinem Wert als Person, er wird in seinem „Da-Sein" vollkommen akzeptiert und respektiert. „Der Berater ist bereit, den Klienten sein jeweiliges Gefühl, welches er gegenwärtig empfindet, ausleben zu lassen, unabhängig davon, ob es sich um positive oder negative Emotionen handelt. Wenn der Berater eine positive, akzeptierende Einstellung gegenüber dem erlebt, was der Klient in diesem Augenblick ist, dann wird es mit größerer Wahrscheinlichkeit zu therapeutischer Bewegung oder Veränderung kommen."[27] Das setzt immer ein Verstehen seitens des Beraters voraus, bedeutet aber natürlich nicht, dass der Berater deshalb automatisch alle Verhaltensweisen bzw. Taten des Klienten bejaht. Zugrunde liegt hier lediglich die grundsätzliche Einstellung, dass der Mensch von Natur aus gut ist und jegliches Verhalten an seinem Wert nichts ändert.

---

[27] Ebd. S. 67

Der dritte förderliche Aspekt einer solchen Beziehung ist das einfühlsame Verstehen bzw. Empathie. Das bedeutet, dass der Berater die Gefühle und persönlichen Bedeutungen spürt, welche der Klient erlebt und dass er dieses Verstehen dem Klienten mitteilt. Es wird also der innere Bezugsrahmen des Klienten möglichst exakt wahrgenommen. Der Berater sieht die Welt quasi durch die Augen des Klienten, gerade so, als ob man der Andere wäre, wobei Rogers hier betont, dass dabei stets darauf zu achten sei, die „Als-ob-Position" nicht aufzugeben. Die emotionalen Erlebnisse des Klienten und die Bewertungen, die er ihnen beimisst, werden vom Berater sprachlich ausgedrückt. Einfühlendes Verstehen bezieht sich aber nicht nur auf die vom Klienten direkt verbal geäußerten Emotionen, sondern auch auf die subtilen, vom Berater wahrgenommenen nonverbalen Signale des Klienten d.h. auch auf Emotionen „am Randes des Gewahrseins".

Der Berater bietet eine Beziehung an, welche geprägt ist von Echtheit, bedingungsloser Wertschätzung und einfühlendem Verstehen und nicht von einem ausfragenden, dirigierenden oder Ratschläge erteilendem Berater. Es geht immer um den Klienten und seine subjektiven Wahrnehmungen, Wahrheiten und Bewertungen, wobei der Berater dabei hauptsächlich die Funktion übernimmt, diese Emotionen und gefühlsmäßigen Erlebnisse dem Klienten widerzuspiegeln. Die Verbalisierungen sollten dabei stets ein Angebot und keine festgelegten Tatsachen darstellen. Es geht im personenzentrierten Ansatz darum, dass der Klient sich öffnen kann, sich dadurch selbst besser kennerlernt und somit eigene „Lösungen" in sich findet. Man könnte die Funktion des Therapeuten also sinnbildlich mit einem „chemischen Katalysator" vergleichen.[28] Das Ziel der Therapie ist es, dass der Klient unabhängiger und selbstbewusster wird und dadurch zukünftig auch besser mit Problemen umzugehen weiß, da er selbst zu einer Einstellungs- und Verhaltensveränderung gekommen ist.

---

[28] In der Chemie nennt man Stoffe, die den Reaktionsablauf fördern, „Katalysatoren". Sie gehen nicht direkt ein in die chemischen Umsetzungsformeln, verändern aber die Aktivierungsenergie. (D.Schuphan, M. Knappe 1993, S. 70)

3.2 Wissenschaftliche Untersuchungen und Weiterführungen von Rogers' Theorie förderlicher zwischenmenschlicher Beziehungen

Zahlreiche Forschungsergebnisse haben in der Vergangenheit bereits die Verhaltens- und Persönlichkeitsveränderung durch klientenzentrierte Therapie belegt. Man hat versucht, die Implikationen in diversen Bereichen wie z.B. im Erziehungssektor, auf dem Gebiet der Beziehungen zwischen Gruppen oder bei Fragen der Gruppenleitung festzustellen, allerdings ist nach meinem Wissen bisher noch kein Versuch unternommen worden, was derartige Erfahrungen für das Familienleben insgesamt bedeuten bzw. inwiefern eine personenzentrierte Haltung im Denken und in der Kommunikation das Miteinander innerhalb einer Familie verändern kann. Hier setzt genau setzt meine Idee an. Hintergrund und Anregung hierfür sind einige Erlebnisberichte von Rogers, in denen seine Klienten ihm davon berichten, inwiefern sich ihr Familienleben durch die Therapie verändert hat, Forschungsarbeiten von Reinhard und Anne-Marie Tausch, die in ihren Untersuchungen die von Rogers benannten psychologischen Bedingungen für ein wachstumsförderndes Klima erweiterten und überprüfen sowie das Modell zur Kommunikations- und Konfliktlösung von Thomas Gordon.

Rogers erklärt in seinem Buch „Entwicklung der Persönlichkeit", dass der Klient in der Therapie entdeckt, dass er die Maske fallen lassen kann, die er bis dahin getragen hat.[29] Der Grund dafür ist, dass er während der Therapie die Erfahrung macht, mit seinen Gefühlen in Kontakt zu sein und diese ausleben zu können, unabhängig welcher Natur sie sind. Ehemänner, Ehefrauen und Kinder äußerten, nachdem sie einige klientenzentrierte Gespräche geführt hatten, ihre wirklichen Empfindungen gegenüber den anderen Familienmitgliedern. Die Erkenntnis über die Bedeutsamkeit von persönlicher Kongruenz führt dazu, dass man sich in seinen persönlichen, engen Beziehungen gar nicht mehr anders verhalten kann bzw. möchte. Es wird die Erfahrung gemacht, dass alle Gefühle und Gedanken ihre Daseinsberechtigung haben und nichts an dem eigentlichen Wert der Person verändern. Damit verliert der Mensch die Angst, seine Gefühlsregungen wahr- und anzunehmen und gewinnt den Mut, diese anderen Menschen gegenüber zu äußern. Diese Echtheit und Authenzität der eigenen Person, die bislang eher destruktiv und verheerend erschien, wird als

---

[29] Rogers 1988, S. 308

so befriedigend empfunden, dass dafür sogar eventuelle unerwartete, bedeutende Konsequenzen im Verhalten des Gegenübers in Kauf genommen werden.

In der Therapie kann der Klient allen angestauten Gefühlen freien Lauf lassen, und damit verlieren diese ihre Explosivkraft, weshalb er eher in der Lage ist, in den jeweiligen Familienbeziehungen die Gefühle zu äußern, die das Gegenüber tatsächlich in ihm hervorruft, und da diese Gefühle nicht mehr so sehr mit der Vergangenheit behaftet sind, werden sie angemessener geäußert und sind damit verständlicher.

3.2.1 Ein Überblick über förderliche Dimensionen für die persönliche Entwicklung nach R. Tausch und A. Tausch

In dem Buch „Erziehungspsychologie – Begegnung von Person zu Person" wurden von R. Tausch und A. Tausch wissenschaftliche Antworten und empirische Untersuchungen zu folgender Frage zusammengestellt: Wie kann die Persönlichkeitsentwicklung von Millionen von Kindern und Jugendlichen durch Erziehung und Unterrichtung so gefördert werden, dass sie später als Erwachsene ein erfülltes seelisches Leben haben, mit tief befriedigenden zwischenmenschlichen Erfahrungen? Wie können Lehrer, Erzieher und auch Eltern Jugendliche fördern, damit sie sich selbst verwirklichen können, damit sie ein hohes Ausmaß innerer Freiheit sowie Selbstbestimmung erleben? [30]

Die beiden Autoren untersuchen hierfür die konkreten zwischenmenschlichen Begegnungen von Person zu Person und die dabei gegebenen seelischen Vorgänge. Ihre Forschungen führen zu Informationen über die Bedeutung zwischenmenschlicher Begegnungen für die Persönlichkeitsentwicklung von Kindern und Jugendlichen. Es konnten Verhaltens- und Persönlichkeitsmerkmale von Lehrern und Erziehern herausgearbeitet werden, welche entscheidende förderliche Bedingungen für die Persönlichkeitsentwicklung von Kindern darstellen. Darüber hinaus ergeben Befunde, dass die Bedeutung der zwischenmenschlichen persönlichen Begegnung für die Persönlichkeitsentwicklung und das bedeutsame Lernen auch für weitere Bereiche

---

[30] R. und A. Tausch 1998, S. 9 ff.

wie z.B. zwischen Mitarbeitern, Ehepartnern, Therapeut und Klient sowie Kind und Eltern gilt.

Reinhard Tausch beschreibt, dass seine Forschungstätigkeiten an Universitäten klar zeigten, dass fachliches Wissen ohne befriedigende zwischenmenschliche Beziehungen zwischen den Professoren und Studenten und ohne befriedigende Persönlichkeitsförderung der Studierenden wenig nutzbringend sei. Ein Fazit der Forschungsarbeiten und Therapieerfahrungen von Tausch lautet „Der Mitmensch ist die wesentlichste Umweltbedingung für den Menschen. Eltern, Lehrer, Kindergärtnerinnen und Spielgefährten sind die wesentlichste Umwelt, die bedeutungsvollsten Mitmenschen der Kinder und Jugendlichen. Sie können die Quelle größter Befriedigung und seelischer Bereicherung sein, aber auch die Quelle großer Beeinträchtigung und großen Leidens."[31] Äußerliche und materielle Gegebenheiten wirken sich erst dann positiv auf das Wohlbefinden und die Entwicklung aus, wenn die vorherrschenden zwischenmenschlichen Beziehungen befriedigend sind.

Die Forschungsergebnisse definieren vier wesentlichen Verhaltensformen (im Folgenden Dimensionen genannt), welche alle Aktivitäten der Erwachsenen gegenüber Kindern und Jugendlichen beeinflussen. „Diese Dimensionen wurden anhand von Einschätzungsskalen definiert und können im alltäglichen Verhalten von Personen wahrgenommen und gemessen werden."[32] Bei den ersten drei Dimensionen handelt es sich um die drei Bedingungen aus der klientenzentrierten Psychotherapie, welche Rogers 1957 entwickelte: Absolute Wertschätzung, einfühlendes Verstehen der inneren Welt des Anderen sowie Echtheit. Tausch und Tausch haben diese Dimensionen in Form von Einschätzungsskalen näher definiert und um eine vierte Dimension erweitert. Die Konzeption einer Einschätzungsskala sollte zu einer besseren Überschaubarkeit führen und die Messbarkeit für Forschungsuntersuchungen ermöglichen. Bei der vierten Dimension handelt es sich um „fördernde nicht-dirigierende Einzeltätigkeiten"[33], welche eine logische Konsequenz der ersten drei Dimensionen ist, sofern diese gleichzeitig gelebt und von anderen wahrgenommen werden. Empirische Untersuchungen haben ergeben, dass bei gleichzeitigem Vorhandensein

---

[31] Ebd. S. 12
[32] Ebd., S.99
[33] Ebd., S.101

dieser vier Dimensionen „die entscheidend fördernden und erleichternden Bedingungen für wesentliche seelische Grundvorgänge des anderen und für seine konstruktive Persönlichkeitsentwicklung gegeben sind."[34]

Reinhard Tausch definiert eine Vielzahl theoretischer Annahmen in Bezug auf die vier Dimensionen. Die wesentlichen Aussagen sind folgende:

- Die Dimensionen fördern generell ein humanes Zusammenleben, welches durch die Achtung der Person, Selbstbestimmung und soziale Ordnung[35] geprägt ist.

- Die Dimensionen sind weitgehend allgemeingültig und ihre Bedeutung bezieht sich auf alle zwischenmenschlichen Beziehungen.

- Bei Nichtvorhandensein oder einem Defizit dieser Dimensionen sind die Auswirkungen im allgemeinen destruktiv. Wenn ein Kind beispielsweise von seinen Eltern in zu geringem Ausmaß absolute Wertschätzung, einfühlendes Verstehen, Echtheit und nicht-dirigierende Einzeltätigkeiten erfährt, beeinträchtigt dies im allgemeinen seine seelischen Grundvorgänge, seine psychische und physische Gesundheit und sein zwischenmenschliches Zusammenleben im Allgemeinen.[36]

- „Werden von der Mehrzahl der Bevölkerung die 4 förderlichen Dimensionen in hinreichendem Ausmaß gleichzeitig gelebt, so bedeutet dies eine hohe humane Lebensqualität."[37]

- Die Dimensionen entsprechen im Wesentlichen dem erwünschten und erstrebten Verhalten vieler Menschen, da sie die grundlegenden Haltungen ab-

---

[34] Ebd., S.101
[35] „Auch eine Gemeinschaft, welche die Selbstbestimmung des einzelnen weitgehend fördert, benötigt eine gewisse Ordnung und Regelung ihres sozialen Zusammenlebens: zur Gewährleistung der Grundwerte Selbstbestimmung sowie Achtung der Person jedes einzelnen, zur Verhinderung von Beeinträchtigungen der seelischen und körperlichen Funktionsfähigkeit des einzelnen, durch Missbrauch der persönlichen Freiheit durch andere in Form von Gewalt oder verantwortungslosem, rücksichtslosem Handeln...." Ebd., S.25
[36] Ebd. S.102
[37] Ebd. S.102

decken, die ein humanes, respektvolles und wertschätzendes Klima für ein Zusammenleben ausmachen.[38]

Reinhard Tausch stellt in seinem Buch „Erziehungspsychologie – Begegnung von Person zu Person" ausführliche Untersuchungen dar, welche diese theoretischen Annahmen über die 4 Dimensionen prüfen und belegen. Da die gesamte Wiedergabe oder auch eine Zusammenfassung dieser Untersuchungen sowohl den Rahmen dieses Buches sprengen, als auch zu weit von meinem Ziel wegführen würde, wird im Folgenden anhand von Zitaten ein kurzer Überblick über die Untersuchungsbefunde gegeben, die sich auf die förderlichen Dimensionen bei Eltern und ihren Zusammenhang mit Vorgängen bei ihren Kindern beziehen:

„*Erwachsene mit einem Durchschnittsalter von 25 Jahren, die Vater und Mutter als deutlich achtungsvoll-warm, echt, nicht-dirigierend fördernd sowie wenig dirigierend wahrnahmen, unterschieden sich von Erwachsenen, die Vater und Mutter eher als geringschätzigkalt, unecht, nicht-fördernd sowie stark lenkend wahrnahmen, erheblich in bedeutsamen Merkmalen der seelischen Gesundheit in mehreren Tests. Erstere hatten bedeutsam günstigere Werte in Nervosität, Gehemmtheit, Gelassenheit, Aggression, Erregbarkeit, emotionaler Labilität, in psychischer Befindlichkeit. Ferner behandelten sie sich selbst bedeutsam selbstzufriedener. Sehr deutlich unterschieden sich auch die beiden Gruppen in ihrer Selbstachtung. Insgesamt zeigte sich ein linearer Trend: Personen, die ihre Eltern in den 4 Dimensionen weniger günstig wahrnahmen, wiesen ungünstigere Merkmale der seelischen Gesundheit auf (Tönnies u. Tausch, 1976).*"[39]

„*Achtung-Wärme, fördernde nicht-dirigierende Tätigkeiten sowie gleichzeitig geringe Dirigierung-Lenkung von 90 Müttern im Umgang mit ihren Kindern in Verkehrsmitteln, Wartezimmern, Warenhäusern u. a. standen im Zusammenhang mit einem harmonischen, entspannten, gelösten Beziehungsverhältnis Mutter-Kind sowie mit selbständigem spontanem Verhalten der Kinder (Langer u.a., 1973). Ähnliche Zusammenhänge ergaben sich bei über 90 Müttern und ihren Kindern in häuslichen Situationen, z.B. beim gemeinsamen Abendbrot (Rieckhof u. a., 1976; A. Tausch u. a., 1975).*"

---

[38] Ebd. S.102
[39] Ebd. S.105,106

„Bei Vergleichen der Eltern von straffälligen und nicht-straffälligen Jugendlichen ergab sich in mehreren Untersuchungen: Die Eltern straffälliger Jugendlicher waren gegenüber ihren Kindern eher geringschätzend-kalt-hart und entweder sehr stark dirigierend-lenkend oder weitgehend passiv (z. B. Glueck u. Glueck, 1950; McCord, McCord u. Zola, 1959; McCord, McCord u. Howard, 1963). Allerdings erwiesen sich auch andere als diese zwischenmenschlichen Beziehungen als bedeutungsvoll, z.B. Lage der Wohnung in der Nachbarschaft von Bars, Vergnügungslokalen und in Bezirken mit wenigen gesunden Erholungsmöglichkeiten."

3.2.2 Das Gordon-Modell – „Parent-Effectiveness-Training"

Thomas Gordon, ein ehemaliger Student und Freund von Rogers, hat in Anlehnung an den personenzentrierten Ansatz ein Modell entworfen, welches 1970 mit dem Titel „Das Gordon-Modell" in den USA veröffentlich wurde. Dieses Modell ist ein System von Kommunikations- und Konfliktlösungsfertigkeiten, wobei diverse Konzepte und Fertigkeiten aus dem Ansatz von Rogers herausgearbeitet wurden.

Gordon kam im Laufe seiner Behandlungen von sog. „schlecht angepassten" oder „neurotischen" Kindern zu der Erkenntnis, dass die Schwierigkeiten zwischen Eltern und Kindern eher zwischenmenschliche Probleme waren als solche der Psychopathologie. Es wurde aus den Gesprächen mit den Kindern und auch mit den Erwachsenen klar, dass diese Familien einfach Probleme hatten, harmonisch zusammenzuleben. Gordon sah das Problem darin begründet, dass die Eltern nicht über genügend grundlegende Fähigkeiten verfügten, die für zwischenmenschliche Beziehungen notwendig wären. Sie wussten nicht, wie man Beziehungen aufbaut, Respekt für die Bedürfnisse der anderen Familienmitglieder zeigt, familiäre Regeln aufstellt und einführt, Konflikte freundschaftlich löst und offen und ehrlich miteinander kommuniziert. Diese Beobachtungen veranlassten Gordon dazu, ein sog. Führungstrainings-Programm für Eltern zu konzipieren, welches den Namen „Parent- Effectiveness-Training" (im Folgenden P.E.T. genannt) erhielt und 1970 in den USA veröffentlich wurde.

Ein für damalige Verhältnisse recht innovativer Aspekt dieses Programms war es, dass es auch Eltern anspricht, die bisher noch keine schwerwiegenden Probleme in ihrer Familie kennen gelernt haben. Insofern handelt es sich bei dem Elterntraining um ein präventives Programm. Gordon schreibt in seinem Buch „Das Gordon-Modell" auf S. 106: „Unsere Gesellschaft wird ihre Probleme hinsichtlich der psychischen Gesundheit nie lösen können, wenn diese bereits unter ernsthaften psychischen Störungen leiden. Was dieses schwerwiegende Problem angeht, müssen wir neue, präventive Methoden finden. Theoretische als auch logische Gründe sprechen dafür, dass es am sinnvollsten ist, mit diesen vorbeugenden Maßnamen bei Kindern zu beginnen."

Der Kerngedanke, welcher dem P.E.T zugrunde liegt ist, dass das Ziel, gesunde und verantwortungsbewusste Kinder zu erziehen, nur möglich ist, wenn die Eltern Macht-anwendung und Bestrafung gegenüber ihren Kindern vermeiden. Ein Großteil der Belastungen, unter denen Familien leiden, erwächst nämlich aus der Art und Weise, wie Eltern mit nicht akzeptablem Verhalten ihrer Kinder umgehen. Gordon geht da-von aus, dass Konflikte generell immer durch Verzicht auf Machtausübung gelöst werden müssen, damit Beziehungen zwischen Menschen gesund sind und eine wechselseitige therapeutische Wirkung haben. Durch das Ausüben von Macht wird eine Gleichberechtigung in der zwischenmenschlichen Beziehung verhindert, und der Unterlegene reagiert immer mit destruktiven Verhaltensweisen wie Zurückweisung, Aggression, Verschlossenheit, Ignoranz, Rebellion etc.

Gordon hat in seinem Modell 15 Prinzipien aufgestellt, die Eltern helfen sollen, effek-tivere Methoden zu erlernen, welche auf Machtausübung und Druck verzichten und labile Beziehungen stärken sowie psychische Schäden bei Kindern verhindern:[40]

1. *Kinder haben ebenso wie alle anderen Menschen Bedürfnisse, und sie verhal-ten sich oder handeln so, dass sie ihre Interessen wahrnehmen können.*

2. *Dem ersten Prinzip zufolge benehmen sich Kinder auch nicht „daneben", sondern verhalten sich einfach im Sinne der Befriedigung ihrer Bedürfnisse.*

    Diese beiden Prinzipien sollen verdeutlichen, dass Kinder sich nicht „daneben benehmen". Als schlechtes Benehmen wird immer nur irgendein Verhalten bezeichnet, welches für die Eltern mit negativen Folgen verbunden ist. Eltern

---

[40] Gordon 1998, S.23 ff. und S. 77 ff.

werden mit dieser Aussage aufgefordert, das Verhalten ihrer Kinder anders zu betrachten und sich bewusst zu machen, dass alle Handlungen der Kinder an sich nur verschiedene Verhaltensweisen sind, die ihren Wert durch die Bedeutung bekommen, welche die Eltern ihnen beimessen.

Ein Kleinkind möchte beispielsweise seinem Bedürfnis nachgehen, die Umwelt zu erforschen und dabei Formen und Farben kennen zu lernen. Sofern es bei der Umsetzung eine Aktion wählt, die keine nachteiligen Folgen für die Eltern hat, wird sein Verhalten als gut und brav bezeichnet. Wenn es sich hierfür aber die Schmuckkiste der Mutter aussucht, dort alles durcheinander bringt und vielleicht sogar Teile in die Toilette wirf, wird die Mutter nicht begeistert sein und sein Verhalten im Allgemeinen als schlecht bezeichnen. Das Kind verhält sich so, um seine Interessen wahrzunehmen, aber seine spezielle Verhaltensweise ist für die Mutter inakzeptabel. Gordon ist der Meinung, dass alle Eltern effektive Methoden erlernen müssen, um mit Verhaltensweisen umzugehen, die ihre eigenen Bedürfnisse verletzen, ohne dabei aber ein Kind zu stigmatisieren und es zu bestrafen.

3. *Eltern müssen nicht jedes Verhalten ihrer Kinder akzeptieren*

Mit diesem Prinzip macht Gordon darauf aufmerksam, dass Eltern den Mut dazu haben sollten, ihren Kindern gegenüber als Menschen aufzutreten und sich nicht schlecht zu fühlen, wenn sie Verhaltensweisen des Kindes als inakzeptabel empfinden. Er empfiehlt, alles, was das Kind tut oder sagt, durch ein imaginäres Fenster zu betrachten. Das Fenster ist zweigeteilt, wobei die untere Hälfte mit inakzeptablem und die oberen Hälfte mit akzeptablem Benehmen gefüllt wird. Diese Vorgehensweise schult die eigene Aufmerksamkeit und das Bewusstsein darüber, dass es sich immer um die eigene Empfindung der Eltern handelt, die auch bei gleichen Verhaltensweisen des Kindes je nach Tagesform und Laune variieren kann.

4. *Eltern müssen bei der Kindererziehung nicht konsequent sein*

Dieses Prinzip führt den Gedanken des vorherigen weiter, da die Reaktionen auf das Benehmen des Kindes inkonsequent sein müssen, wenn Eltern ihre Gefühle aufrichtig zeigen und in ihrem Fühlen und Verhalten kongruent sein wollen. Diese Aufrichtigkeit wiederum ist eine Voraussetzung dafür, dass Kinder ihre Eltern wirklich respektieren, denn Inkongruenz und Zurückhalten von Gefühlen wird von Kindern viel sensibler wahrgenommen, als Erwachsene meist denken und die Folge davon ist das Misstrauen des Kindes.

5. *Eltern brauchen keine „geeinte Front" zu bilden*

Hier bezieht sich Gordon auf die weit verbreitete Annahme, dass Eltern konsequent „an einem Strang" ziehen und ihren Kindern gegenüber in Erziehungsfragen immer die gleiche Stellung einnehmen sollten. Grund dieser Annahme ist, dass Eltern befürchten, von ihren Kindern nicht mehr ernst genommen zu werden, wenn sie vor ihnen nicht die gleiche Meinung bzw. Einstellungen vertreten. Dieser Glaube zwingt aber immer wieder einen der beiden Eltern dazu, vor dem Kind eine Rolle zu spielen, sobald er nicht einer Meinung mit dem Partner ist. Kinder durchschauen diese Inkongruenz und nehmen dadurch erst die Eltern bzw. den Schauspielenden nicht mehr ernst. Kinder nehmen in der Regel sehr gut die Tatsache an, dass ein Elternteil ein bestimmtes Verhalten annehmbar findet und der andere nicht, ohne dabei Verwirrung zu empfinden oder Respekt zu verlieren. Eltern können und sollen ihre wahren Gefühle vor dem Kind nicht verbergen.

Sofern es allerdings darum geht, neue Regeln oder Verhaltensweisen in das Familienleben einzuführen, welche dauerhaft aufrecht erhalten werden sollen, ist es durchaus wichtig, dass alle Beteiligten mit der Veränderung leben können.

6. *Wenn sich Säuglinge oder Kleinkinder für das Empfinden des Erwachsenen inakzeptabel benehmen, gibt es dafür einen Grund, den es herauszufinden gilt*

Dieses Prinzip funktioniert bei Säuglingen natürlich nur durch die Methode Versuch und Irrtum. Die Eltern probieren so lange Reaktionen aus, bis sie das Bedürfnis des Babys herausgefunden und gestillt haben. Bei Säuglingen handelt die Mehrheit der Eltern intuitiv auf diese Art; warum also vergessen sie bei etwas größeren Kindern, dass ihrem Verhalten ebenfalls immer ein bestimmtes Bedürfnis zugrunde liegt, welches es sich lohnt, herauszufinden?

7. *Wenn Eltern ein Verhalten unannehmbar finden, sollen sie es durch ein anderes ersetzen, das für sie akzeptabel ist*

Bei Kleinkindern kann man bei unannehmbarem Verhalten anstelle von Bestrafung auch schon einen Handel machen. Das Kind möchte z.B. im Sommer auf der Terrasse mit seinem Getränk herumplanschen und es auskippen. Es handelt sich aber um Apfelsaft, und die Mutter ärgert sich über dieses Verhalten, da der Saft nach dem Auskippen überall auf dem Steinboden und Holztisch klebt und Ameisen anzieht, die Klamotten des Kindes außerdem dreckig sind und ihr Mehrarbeit bei der Wäsche machen. In diesem Fall könnte sie dem Kind anstelle von Apfelsaft einfach Leitungswasser in den Becher füllen. Damit hat das Auskippen und Herumspielen des Kindes mit dem Getränk keine unangenehmen Folgen für die Mutter, und dem Kind ist es egal, um welche Art von Flüssigkeit es sich handelt.

8. *Eltern sollen ihren Kindern ihre Gefühle mitteilen, selbst wenn sie keine Worte benutzen können*

Bei älteren Kindern empfiehlt Gordon, sogenannte „Ich-Botschaften" zu benutzen. Hierbei wird dem Kind gegenüber kein Vorwurf gemacht, sondern die Eltern lassen ihm eine aufrichtige Botschaft zukommen, die ihm vermittelt, inwieweit die Eltern durch das Verhalten des Kindes betroffen sind. Anstelle des Satzes:" Lässt du wohl sofort den Teller los, gleich machst du ihn kaputt!" wäre es besser, zu sagen: "Ich finde diesen Teller schön und wäre traurig, wenn er zerbräche." Bei dieser Art von Kommunikation bleibt man bei seinen eigenen Gefühlen und teilt dem Kind mit, wie man sich fühlt und was einen gerade bewegt, anstatt durch Vorwürfe und Drohungen eine aggressive Haltung einzunehmen, welche das Kind meist nur zu gegenteiligem Verhalten als dem ursprünglich erwünschten bewegt.

9. *Es ist oft wirkungsvoller, die Umwelt zu verändern, als das Kind*

Für Eltern unannehmbare Spielweisen von Kleinkindern können oft dadurch vermieden werden, dass man die Umwelt des Kindes verändert. Wohnungen können kindersicher eingerichtet werden, gefährliche oder zerbrechliche Gegenstände außer Reichweite des Kindes gelagert werden, und dem Kind kann altersgerechtes Spielzeug angeboten werden, welches sein Interesse erregt.

Man sollte dabei darauf achten, dass das Kind in seiner Umwelt weder mit Reizen überflutet, noch unterfordert wird. Wenn man diese kindgerechte Umwelt herstellt, reduziert man automatisch für den Erwachsenen inakzeptables Verhalten und kommt nicht ständig in die Situation, das Kind maßregeln zu müssen.

10. *Eltern sollen über sich selbst sprechen, wenn sie unannehmbares Verhalten ändern wollen, nicht über das Kind*

Hier bezieht sich Gordon erneut auf das Senden von „Ich-Botschaften". Eltern haben sich daran gewöhnt, auf unangenehmes Verhalten ihrer Kinder mit „Du-Botschaften" zu reagieren, indem sie Befehle geben, Warnungen ausspre-chen, moralisieren, bewerten, predigen, belehren etc., wie z.B. „Du benimmst dich unmöglich!" oder „Du räumst jetzt sofort auf!"

Du-Botschaften provozieren und lösen eher Widerstand aus, als Ich-Botschaften. Wenn man unannehmbare Verhaltensweisen von Kindern ver-ändern möchte, sollten Eltern sprachliche Botschaften benutzen, welche die Kinder verstehen können. Ich-Botschaften sprechen Klartext und vermitteln dem Kind nur, was für Konsequenzen ihr Verhalten in den Eltern auslöst, ohne dass sie beschimpft oder unter Druck gesetzt werden, ihr Verhalten auf eine bestimmte Art und Weise zu ändern. Diese Technik führt meist dazu, dass das Kind die Bedürfnisse des Erwachsenen in Betracht zieht und selbstständig beschließt, sein Benehmen zu ändern. [41]

11. *Eltern, die sich auf ihre Macht verlassen, werden sie unweigerlich verlieren, wenn ihre Kinder älter werden*

Wenn Eltern ihrer Autorität Ausdruck verleihen möchten, indem sie ihr Kind disziplinieren, greifen sie auf Belohnungen und Strafen zurück. Machtanwen-dung durch Drohung, Belohnung und Bestrafung „funktioniert" bestenfalls bei Kleinkindern, die bezüglich ihrer Bedürfniserfüllung noch völlig abhängig von ihren Eltern sind. Sobald Kinder aber in die Pubertät kommen, lassen sie sich durch Strafandrohungen wenig beeindrucken oder beeinflussen und reagieren mit Desinteresse bzw. Widerstand. Wenn Eltern bis dahin keine alternative

---

[41] Vgl. Kapitel 4.2.2: Über die Bedeutung und den Wert von Grenzen

Methode zur Beeinflussung von Verhalten kennengelernt haben, stehen sie dann hilflos da und greifen meist verzweifelt doch wieder auf ihre Methode der Drohung zurück, indem sie dem 18-Jährigen das Auto entziehen oder das Ausgehen verbieten wollen. Dieses Verhalten wirkt sich sehr destruktiv auf die Eltern-Kind-Beziehung aus.

12. *Kinder lernen, sich mit der Macht der Eltern zu messen, indem sie mit nicht wünschenswerten und ungesunden Verhaltensweisen darauf reagieren*

Diese Aussage bezieht sich noch auf das eben erläuterte Prinzip und soll Eltern verdeutlichen, dass Macht- und Autoritätsausübung bei Jungendlichen zu einer Reihe von unerwünschten Verhaltensweisen führt, nur nicht zur ursprünglich von den Eltern erhofften Verhaltensveränderung.

13. *Disziplinarische Strafmaßnahmen mögen Zwang oder Druck ausüben, aber nur selten Einfluss*

Sobald der Druck und die Machtausübung der Eltern nachlässt, kehren Kinder meistens zu ihrem früheren Verhalten zurück, weil ihre Bedürfnisse und Wünsche natürlich die ganze Zeit vorhanden sind, auch wenn Druck auf sie ausgeübt wird. Solange Zwang der Grund für eine Verhaltensveränderung ist, kann man davon ausgehen, dass diese auch nur unter Zwang und Druck beibehalten werden kann. Ein Mensch, der dauerhaft zu etwas gezwungen wird, von dem er nicht überzeugt ist, wird sich früher oder später gegen diese Machtausübung aufbäumen und mit Widerstand reagieren oder –noch schlimmer - sich zurückziehen und innerlich zerbrechen.

14. *Wenn sich Eltern wie Diktatoren aufführen oder sich als Fußabstreifer behandeln lassen, verliert jemand*

Es gibt zwei Methoden, mit denen Eltern meistens Interessenskonflikte mit ihren Kindern lösen: Entweder gibt der Erwachsene nach und richtet sich entgegen seiner Bedürfnisse nach dem Kind, oder das Kind hat sich den Interessen der Eltern zu fügen und wird in seinen Bedürfnissen beschnitten. In beiden Fällen gibt es immer einen Verlierer, der mit einem schlechten Gefühl zurückbleibt. Gordon empfiehlt eine dritte Methode, bei der beide Seiten gewinnen und es keine Verstimmungen gibt: Es wird gemeinsam nach einer Lösung gesucht, die für beide Seiten akzeptabel ist. Mutter und Kind kommen z.B. vom Einkauf nach Hause, und die Mutter möchte nun den Einkauf in der Küche verstauen, das Kind möchte aber mit der Mutter auf den Spielplatz gehen. Die Mutter kann nun dem Kind erklären, dass sie jetzt keine Zeit hat, mit dem Kind spielen zu gehen und sich zuerst um den Einkauf kümmern muss, damit aufgeräumt ist und die Nahrung, die gekühlt werden muss, nicht verdirbt. Sie können dann gemeinsam beschließen, dass das Kind so lange alleine spielt oder der Mutter beim Verstauen behilflich ist und sie danach noch einmal zusammen auf den Spielplatz gehen. Ein Grundgedanke dieser Methode ist auch der, dass Kinder nur lernen, die Bedürfnisse ihrer Eltern zu respektieren, wenn diese die Bedürfnisse der Kinder beachten.

15. *Wenn man Konflikte so löst, dass niemand verliert, intensiviert sich eine Beziehung.*[42]

Dieses abschließende Prinzip ist eine logische Folge der vorangestellten Empfehlungen.

3.2.3 Das Family Effectiveness Training (FET)

Das Family Effectiveness Training (FET) ist das letzte Trainingsprogramm, das Thomas Gordon auf der Grundlage seines „Gordon-Modells" selbst entworfen hat. Es heißt in den Arbeiten von Gordon und auch in diversen Internetauftritten, dass es sich beim Parent Effectiveness Training um ein reines Elterntraining handelt und sich das Family Effectiveness Training hingegen an die ganze Familie wendet. Da das FET sich aber vom Kern her weitgehend mit dem Inhalt des P.E.T deckt, wird das Konzept des Family Effectiveness Trainings an dieser Stelle lediglich erwähnt und nicht weiter ausgeführt, auch um vermehrte Wiederholungen zu vermeiden. Zum Hauptteil des FET ist abschließend zu sagen, dass es hauptsächlich darum geht, Eltern die negativen Auswirkungen von Strafen und Belohnungen zu vermitteln, die eingesetzt werden, um das Verhalten von Kindern zu beeinflussen.[43] Mit einem Kapitel über die Bedeutung der Elternrolle und der Familie an sich in unserer heuti-

---

[42] Gordon 1998, S. 77 ff.
[43] http://www.gordontraining.com/parent-programs/family-effectiveness-training-f-e-t/ besucht am 09.08.2011

gen Gesellschaft wird das FET gegenüber dem PET um einen Themenbereich erweitert.[44]

3.2.4 Die Wirksamkeit des GORDON-Elterntrainings

Der Psychologe Prof. Dr. Hans Peter Heekerens berichtet in einem Journal Article von 1993 über die Ergebnisse von Sekundäranalysen zur Wirksamkeit des Gordon-Elterntrainings. Es wird darin deutlich, dass diese Form der psychotherapeutischen Hilfe für Kinder und Jugendliche als geprüft und wirksam anzusehen ist, wobei seine Wirksamkeit insgesamt aber sehr gering ausfällt. Heekerens betont, dass die Indikationsfrage noch weitgehend offen bleibt und dass sich die Effektivität eher auf der Eltern- als auf der Kindebene zeigt. [45]

„Dennoch wird es für falsch oder zumindest verfrüht gehalten, das Gordon-Elterntraining aus dem Katalog bewährter Verfahren zu streichen."[46]

Das Thema „Macht und Kontrolle" wird von Gordon als prinzipiell negativ besetzt gesehen und hat in seinem Konzept der Erziehung keinen Platz. Grundsätzlich ist seine Begründung dafür logisch und nachvollziehbar, dennoch müssen die Beteiligten innerhalb der Familie sich aber auch auf ein Verfahren geeinigt haben, durch das Kontroversen, die durch eine Diskussion oder Kompromissfindung nicht zu lösen sind, in der einen oder anderen Weise entschieden werden. Irgendjemand muss diese letzte Verantwortung übernehmen. In so einem Fall lässt es sich letztlich nicht vermeiden, dass die Position des Entscheiders ambivalente Empfindungen auf beiden Seiten auslöst. Eine „Win-win-Situation", wie Gordon es nennt, ist damit nicht immer herzustellen. Darüber hinaus kann auch in Frage gestellt werden, inwiefern ein gemeinsam beschlossener Kompromiss tatsächlich als „Win-win-Situation" bezeichnet werden kann, da beide Parteien quasi die Hälfte ihres als berechtigt empfundenen Anspruches verlieren und ihr eigentliches Vorhaben nicht umsetzen können.

---

[44] Vgl. Gordon 1989, Die Neue Familienkonferenz
[45] Heekerens 1993, S. 20-25
[46] Ebd.

3.2.5 Über den Zusammenhang des P.E.T und der personenzentrierten Familie

Thomas Gordon hat mit seinem Elterntrainingsprogramm ein stark präventiv ausgerichtetes Konzept entworfen, welches Eltern klare Verhaltensprinzipien für den Alltag mit Kindern an die Hand gibt. Die Überzeugung, dass man präventiv arbeiten muss, wenn man nachhaltige Verbesserungen der psychischen Gesundheit innerhalb einer Gesellschaft herbeiführen will, teilen Gordons und Rogers Arbeiten. Ebenso greift Gordon in seinem Modell und in seinen Trainings die grundlegenden Prinzipien wie Kongruenz, Transparenz und Gleichwertigkeit des personenzentrierten Ansatzes auf und richtet danach seine entwickelten Verhaltensprinzipien für Eltern aus. Eine der bedeutendsten Gemeinsamkeiten des P.E.T. und des personenzentrierten Ansatzes ist die zugrundeliegende Überzeugung, dass Verhaltensänderung nur passieren kann, wenn eine Veränderung in der Wahrnehmung erfahren wird und dass diese Erfahrung nicht durch intellektuelles Erkennen bzw. kognitives Verstehen ersetzt werden kann. Diese Annahme nimmt der Ausübung von Macht und Autorität ihren Sinn. Wie schon im Kapitel über das Elterntraining von Gordon erläutert, führt Zwang niemals nachhaltig zu Verhaltensänderung, da keine persönliche Überzeugung die Motivation für das veränderte Verhalten ist, sondern lediglich der punktuell ausgeübte Druck. Sobald dieser nachlässt, kehrt der Unterdrückte zu seinen alten Verhaltensweisen zurück. Die konstruktiven Kräfte, welche zu einer veränderten Wahrnehmung führen, liegen demnach also in der Person selbst und können zwar extern stimuliert bzw. motiviert, aber nicht herbeigeführt werden.

Es besteht kein Zweifel über den Zusammenhang von Carl Rogers' personenzentriertem Ansatz und Gordons Modell der Konfliktlösungs- und Kommunikationsfertigkeiten. Dennoch muss festgehalten werden, dass sich Gordon in seinen Arbeiten zwar auf diverse Bereiche von zwischenmenschlichen Beziehungen bezieht (z.B. das Arbeitsverhältnis zwischen Vorgesetztem und Angestelltem, die Paarbeziehung sowie die Eltern-Kind-Beziehung), die Familie aber, nach meiner persönlichen Einschätzung, nicht ausreichend in ihrer Gesamtheit betrachtet wird. Die einzelnen Beziehungen innerhalb der Familie werden durchaus berücksichtigt, aber nicht ihr Zusammenspiel als „Gruppe". Der eindeutige Schwerpunkt von Gordons Eltern- und Familientraining liegt in der Erziehung und den Bedürfnissen des Kindes. Eltern können sich aber nur entsprechend verhalten und verändern, wenn sie im Umgang mit sich selbst bestimmte Fähigkeiten beherrschen. Wie man als Erwachsener aber sein Bewusstsein erweitert und seine Wahrnehmung schärft, um im Familienalltag aufmerksamer und reflektierter handeln zu können, wird nicht erklärt.

Darüber hinaus fällt auf, dass Rogers in seinen Werken „Die Kraft des Guten", „Der neue Mensch" und „Entwicklung der Persönlichkeit" immer darauf bedacht ist, den Leser an seinen Erfahrungen und Entwicklungen teilhaben zu lassen. Dabei haben selbst seine mit tiefster Überzeugung geschriebenen Gedanken, Hypothesen und Techniken immer einen anbietenden Charakter, welcher es dem Leser überlässt, ob er diese Ansichten teilen möchte, sie als Inspiration für eigene Ideen annimmt oder sie ablehnt. Er betont sogar, dass er es als wünschenswert empfindet, wenn seine Annahmen und Ergebnisse in Frage gestellt und überprüft werden, da dies der Qualitätssicherung dient und sich die Forschung nur auf diese Weise weiterentwickeln kann. Die Werke „Das Gordon-Modell", „Die neue Beziehungskonferenz" und „Die neue Familienkonferenz" von Gordon hingegen haben einen etwas dogmatischeren Charakter, da die Prinzipien und Leitsätze klar vorgegeben sind und keinen Raum für individuelle Anpassung lassen. Da aber jedes Kind und jedes Elternteil in seinem Charakter und in seiner Art, sich zu verhalten, zu denken, zu kommunizieren, zu verstehen und sich zu entwickeln, einzigartig ist, kann es kein allgemein gültiges Regelwerk von Verhaltens- und Kommunikationsprinzipien geben, mit dem alle Menschen zurechtkommen. Außerdem begründet Gordon den Großteil aller familiären Probleme in dem Machtgefälle zwischen Eltern und Kindern. Seine Ausführungen diesbezüglich sind logisch und nachvollziehbar, greifen aber bei der Umsetzung des personenzentrierten Ansatzes auf das Familienleben meiner Meinung nach zu kurz. Der Grund dafür ist, dass Gordon ausschließlich das Thema Erziehung beleuchtet, diese aber nur ein Aspekt des Familienlebens ist. Die Familie als Ganzes ist aber mehr als nur Erziehung. Sie ist auch mehr, als nur die Beziehung zwischen Eltern und ihren Kindern. Die Familie ist eine soziale Gruppe, innerhalb derer es sowohl die Eltern-Kind-Beziehung, als auch die Paarbeziehung der Eltern sowie u.U. die Geschwisterbeziehungen gibt. Die Familie ist eine Gemeinschaft mit sozialer Interaktion zwischen allen Mitgliedern, die es zu betrachten gilt. Ihr Zusammenleben ist gekennzeichnet von gleichzeitiger Kontinuität und Dynamik. Jede Familie hat sozusagen ihre eigene „Kultur", welche aus den jeweils spezifischen Verhaltens- und Kommunikationsmustern, Werthaltungen, Ideologien, Rollenverteilungen und Identifikationen besteht.

Wenn man die Familie in ihrer Ganzheit untersuchen möchte, müsste man die vielfältigen theoretischen Ansätze und Modelle aus der Soziologie, der Psychologie sowie aus der Pädagogik aufführen, um eine gewisse Vollständigkeit zu gewährleisten. Hierzu gehören z.B. die Systemtheorie[47], diverse Sozialisations- und Persönlichkeitstheorien sowie entwicklungspsychologische Theorien[48] und verhaltenswissenschaftliche Erklärungsmodelle.[49] Da dieses Unterfangen aber weder dem Thema noch dem Umfang dieses Buches entspricht, muss erneut betont werden, dass mein Interesse immer auf der Qualität von Beziehungen innerhalb einer Familie liegt und dass der Hintergrundgedanke immer das Wohlergehen und die psychische Gesundheit des Individuums ist.

Jesper Juul, ein international renommierter dänischer Familientherapeut und Autor, bildet mit seinen pädagogischen Ansichten – neben Rogers, Gordon und Tausch – die Grundlage für die folgenden Ausführungen zum Konzept der personenzentrierten Familie. Juul geht davon aus, dass Kinder von Geburt an über soziale Fähigkeiten verfügen und diese nicht erst in der Erziehung lernen müssen. [50] Er kritisiert die Tatsache, dass Eltern und Experten sich hauptsachlich auf das unangepasste Verhalten von Kindern konzentrieren und ist der Meinung, dass es vielmehr darum geht, herauszufinden, „wer das Kind ist" anstatt zu fragen „warum es sich so verhält".[51] Er plädiert dafür, traditionelle Erziehungsprinzipien durch neue Ansätze zu ersetzen. Sein Schwerpunkt liegt darin, Eltern bewusst zu machen, dass das, was sie ihren Kindern vorleben, einen viel größeren Einfluss auf die Entwicklung und das Verhalten hat, als es aktive Erziehung jemals haben könnte. Seine praktischen Ausführungen im Bezug auf das alltägliche Miteinander innerhalb der Familie teilen im Prinzip alle wesentlichen Aspekte des personenzentrierten Ansatzes und wurden aus diesem

---

[47]Die Systemtheorie ist ein interdisziplinäres Erkenntnismodell, in dem Systeme zur Beschreibung und Erklärung unterschiedlich komplexer Phänomene herangezogen werden. Quelle:www.wikipedia.org/wiki/Systemtheorie

[48] Wie z.B. das Stufenmodell nach Jean Piaget, die kulturelle Entwicklungstheorie von Michael Cole, die ökologische Systemtheorie von Urie Bronfenbrenner, die Theorie des sozialen Lernens von Albert Bandura, das Stufenmodell der psychosozialen Entwicklung von Erik H. Erikson etc.

[49] Vgl. Behaviorismus nach Thorndike, Watson, Skinner und Pawlow.

[50] http://www.liliput-lounge.de/Blogs-von-Partnern/Jesper-Juul-auf-liliput-lounge/Dates/2011/3/Eltern-durfen-sich-aufregen besucht am 06.08.2011

[51] Ebd.

Grund nicht als eigener Unterpunkt in den Grundlagen aufgeführt, sondern in die folgenden Kapiteln eingearbeitet.

Aus den gewonnenen Erkenntnissen des theoretischen Teils dieses Buches ergibt sich nun folgende These:

Wenn wir unser Leben zum Besseren verändern wollen, d.h. wenn wir gesünder und glücklicher werden wollen, müssen wir die Qualität unserer Beziehungen verbessern.

Es existiert die Möglichkeit, ohne weitreichende fachliche Kenntnisse und ohne therapeutische Begleitung eine Familienkultur zu entwickeln, einzuführen und zu leben, die auf den Werten, Grundhaltungen und Prinzipien des personenzentrierten Ansatzes basiert.

4 Der personenzentrierte Ansatz als Familienkultur

In diesem Kapitel wird ein Überblick darüber gegeben, wie das Leben und die Beziehungen einer Familie aussieht bzw. aussehen könnte, wenn sie eine personenzentrierte Ausrichtung als Haltung und Kultur lebt. Es wird hierfür zum einen die Eltern-Kind-Beziehung betrachtet und zum anderen die Paarbeziehung der Eltern unter personenzentrierten Gesichtspunkten erläutert. Die theoretische Basis bilden, wie bereits erwähnt, Rogers' personenzentrierter Ansatz, die von Gordon entwickelten Prinzipien des P.E.T. sowie Elemente und Aspekte der Arbeiten des Familientherapeuten Jesper Juul.

„Wenn Menschen akzeptiert und geschätzt werden, tendieren sie dazu, eine fürsorglichere Einstellung zu sich selbst zu entwickeln. Wenn Menschen einfühlsam gehört werden, wird es ihnen möglich, ihren inneren Erlebnisstrom deutlicher wahrzunehmen. Und wenn ein Mensch sich selbst versteht und schätzt, dann wird sein Selbst kongruenter mit seinen Erfahrungen. Die Person wird dadurch realer und echter. Diese Tendenzen, Spiegelbilder der Einstellungen des Therapeuten/Beraters, befähigen die

betreffende Person, ihre eigene Entfaltung wirksamer zu fördern. Sie ge-
nießt eine größere Freiheit, ein echter, ganzer Mensch zu sein."[52]

Dieses Zitat von Rogers beinhaltet die signifikanteste Aussage des personenzentrierten Ansatzes, da jede tatsächliche und langfristige Veränderung des Menschen nur
durch seine Einstellung und seine Gefühle zu sich selbst gelenkt wird. Der personenzentrierte Ansatz von Rogers betont die Eigenständigkeit des Menschen und
hebt hervor, dass der Mensch als Individuum, mit seinen Ressourcen im Vordergrund der Beratung bzw. der Beziehung steht und nicht das Problem oder die Lösung.

4.1 Die Neue Familie – eine Vision !

Bevor in den nachstehenden Kapiteln auf einzelne Aspekte innerhalb des Familienlebens eingegangen wird, soll vorab die generelle Vision der „Neuen Familie" erläutert werden. Ab 1964 beschäftigte sich Rogers mit sogenannten „Encounter-
Gruppen" und veranstaltete neben seiner Tätigkeit als Therapeut und Professor hin
und wieder Workshops mit diesen Gruppen. Der Begriff „Encounter" kommt aus dem
Amerikanischen und bedeutet so viel wie "Begegnung", und genau darum geht es in
so einer Gruppe: Um die Begegnung mit anderen Menschen und um die Begegnung
mit sich selbst. „Encounter-Gruppen" betonen das persönliche Wachsen sowie die
Entwicklung und Verbesserung der interpersonalen Kommunikation und Beziehungen durch einen Erfahrungsprozess."[53] Personenzen-trierte Encounter-Gruppen sind
Selbsterfahrungsgruppen, in denen weder der Inhalt noch die Struktur vorgegeben
wird. Rogers hatte in den Gruppen nicht die Rolle eines Leiters, sondern vielmehr die
eines Begleiters, dessen Haltung sich am personenzentrierten Ansatz orientiert.
„Seine Verantwortlichkeit bestand in erster Linie darin, den Ausdruck von Gefühlen
und Gedanken seitens der Gruppenmitglieder zu erleichtern."[54] Die Dauer solcher
Workshops war unterschiedlich und ging von wenigen Stunden bis zu einer Woche.
Bezüglich der Teilnahme gab es keinerlei Beschränkungen, sofern nicht gesundheit-
liche Gründe dagegen sprachen.

---

[52] Rogers 1981, S. 68
[53] Rogers 1984, S.11
[54] Rogers 1984, S.13

Da Rogers den Teilnehmern anfangs immer mitteilte, dass für den gemeinsamen Workshop keine Struktur vorliegt, abgesehen von dem, was die Anwesenden beitragen und er selbst für den Verlauf auch keine Verantwortung übernehmen würde, war der Beginn solcher Sitzungen zunächst geprägt von Verwirrung, Frustration und gehemmter, oberflächlicher Kommunikation.[55] Die Gruppenmitglieder zeigen zuerst untereinander nur ihr „öffentliches Selbst"[56] und versuchen, ein bestimmtes Bild von sich darzustellen. Im Verlauf der Sitzung wagen sie es aber, trotz des Misstrauens in bezug auf die Vertrauenswürdigkeit der Gruppe und trotz der Angst vor Selbstoffenbarung immer mehr von ihrem inneren Selbst zu öffnen. Anfangs werden diese Gefühle oft intellektualisiert und als etwas Vergangenes beschrieben, womit sich die Teilnehmer unbewusst eine Distanz zu ihrem Erleben schaffen und ihre Gefühle als etwas betrachten, was zeitlich und räumlich außerhalb der Gruppe stattfindet. Die ersten spontan geäußerten persönlichen Gefühle, die sich auf die Gegenwart beziehen, sind zumeist negative Empfindungen, welche die Teilnehmer untereinander oder gegenüber dem „Leiter" haben. Rogers erklärt diese Entwicklung damit, dass der Ausdruck von negativen Gefühlen zum Einen der beste Weg sei, die Freiheit und die Vertrauenswürdigkeit der Gruppe zu erproben, und es zum Anderen sehr viel leichter sei, negative Gefühle auszudrücken als positive. Wenn man positive Gefühle mitteilt, macht man sich verletzbar, weil man sich eine positive Reaktion erhofft und dennoch das Risiko einer Ablehnung und Zurückweisung eingeht. Wenn man negative Gefühle äußert, ist man grundsätzlich auf einen Angriff als Reaktion vorbereitet, gegen den man sich dann aber wieder wehren kann.[57] Nachdem zum ersten Mal negative Gefühle geäußert wurden, erfährt die Gruppe, dass dies keine katastrophalen Folgen hat und nichts an der Akzeptanz und Wertschätzung der Person verändert, die sich geöffnet hat. Dadurch entsteht ein allgemeines Grundvertrauen innerhalb der Gruppe, und die einzelnen Teilnehmer beginnen, von ihren Erlebnissen, Sorgen und Ängsten zu berichten. Durch den Prozess der Exploration wächst ein Klima des Vertrauens, welches es den Anwesenden erlaubt, ihre unmittelbaren interpersonalen Gefühle in der Gruppe auszudrücken.[58] Rogers spricht von einer „Heilungskapazität," die sich in der Gruppe entwickelt, da die Teilnehmer sich hilfreich, fördernd und therapeutisch mit dem Schmerz und dem Leiden der anderen

---

[55] Ebd. S.22
[56] Ebd. S.23
[57] Ebd. S.25 ff.
[58] Ebd. S. 28

befassen.[59] Sie entwickeln im Laufe des Workshops eine sensiblere Wahrnehmung und nehmen auch die Gefühle ihres Gegenübers wahr, die and der Oberfläche liegen und noch nicht verbal zum Ausdruck gebracht werden konnten. Darüber hinaus zeigten die Erfahrungen mit Encounter-Gruppen, dass die Selbst-Akzeptierung der eigentliche Beginn von Veränderungen ist und nicht, wie oft vermutet, umgekehrt. In diesem Prozess, den die Gruppe durchläuft, kommt es zu einem Punkt, an dem die Teilnehmer so vertraut und authentisch miteinander umgehen, dass sie es als störend und unangenehm empfinden, wenn sich ein Mitglied noch hinter einer Fassade versteckt und sich anders gibt, als er in Wirklichkeit ist. „Die höflichen Worte, das gegenseitige intellektuelle Verstehen, die glatte Konzilianz – all das, was bei Interaktionen außerhalb der Gruppe völlig ausreicht, genügt hier nicht mehr."[60]Das Verhalten der Teilnehmer und der Prozess der Gruppe machen deutlich, dass Menschen intuitiv und ohne externe Vorgaben tiefgründigere und authentischere Begegnungen anstreben und in ihnen eine tiefe Befriedigung finden. Sie erfahren in diesen Begegnungen, wie sie wirklich auf andere Menschen wirken, welche Züge andere an ihnen schätzen, und welche nicht. Durch diese Erfahrung ist es möglich, die Diskrepanz zwischen Selbstbild und Fremdbild zu verringern. Diese ehrlichen Rückmeldungen auf die eigene Person können generell sehr beunruhigend sein, da sie hier aber in einer Atmosphäre des Vertrauens stattfinden, sind sie sehr konstruktiv.

Die Teilnehmer dieser Encounter-Gruppen haben einen viel engeren Kontakt zueinander gefunden, als es im normalen Alltagsleben üblich ist. Nur deshalb war es ihnen möglich, sich auf diese ehrliche und tiefe Art voreinander zu offenbaren und auch negative Gefühle und Kritik annehmen zu können, ohne sich in ihrem persönlichen Wert verletzt zu fühlen. Im Grunde genommen ist so eine Atmosphäre und diese Art der Begegnung der perfekte Nährboden für die psychische und geistige Entfaltung des Menschen und eine grundlegende Voraussetzung für die Entwicklung einer „fully functioning person"[61], wie Rogers sie beschreibt. Der zwischenmenschliche Umgang und die Kommunikation in unserer Gesellschaft haben mit diesem geschilderten Bild aber wenig gemein und der personenzentrierte Ansatz wird bestenfalls in den Köpfen mancher Idealisten, nicht aber im wahren Leben gelebt. Die Erfahrungen und Erkenntnisse, die aus Rogers Encounter-Gruppen gewonnen wurden, zeigen jedoch,

---

[59] Ebd. S.29
[60] Ebd., S.34
[61] Vgl. Kapitel 3.1.1: Die Persönlichkeitstheorie

dass der Mensch,– unabhängig von Alter, Herkunft, Bildung und Einstellung – selbstständig und intuitiv in der Lage ist, Beziehungen herzustellen und (zumindest für einen gewissen Zeitraum) aufrechtzuerhalten, die geprägt sind von Tiefe, Offenheit, Ehrlichkeit, Wertschätzung, Empathie und absoluter Echtheit. Warum also soll dies nicht auch für das Miteinander einer Familie in ihrem täglichen Umgang möglich sein?

4.1.1 Entscheidungsbildung innerhalb der Familie

In der „Durchschnittsfamilie" von heute wird die Rolle des Familienoberhaupts in der Regel auf beide Eltern verteilt, u.a. mit dem Ziel, Entscheidungen gemeinsam zu treffen. In der Praxis ist dies aber oft nicht der Fall und die Uneinigkeit der Eltern führt zu einem ständigen Machtkampf um die Position der letztlichen Autoritätsinstanz. Kinder jeden Alters sind bereits sehr empfänglich für derartige Unklarheiten und entwickeln früh Strategien, um die Eltern gegeneinander auszuspielen, da ihr inneres Bestreben stets das Erreichen größerer Unabhängigkeit von der elterlichen Autorität ist. Die Eltern versuchen, streng und konsequent zu sein, um dann doch wieder den Forderungen ihrer Kinder nachzugehen. Die Folge hiervon ist eine immer schwächer werdende Machtposition der Eltern und eine Qualitätsminderung der Eltern-Kind-Beziehung. Die personenbezogene Familie hat nicht das Ziel, diese Art der Familienstruktur zu verbessern, so dass sie reibungsloser funktioniert. Es handelt sich vielmehr um eine völlig neue Art und Weise miteinander umzugehen.

Ein wichtiger Faktor, der diese Haltung ausmacht, ist der Prozess der Entscheidungsbildung. Die Art, wie Entscheidungen getroffen werden, ist ein wesentliches Merkmal, welches die „Politik" einer Familie charakterisiert. Der traditionelle Weg der Entscheidungsfindung ist der, dass eine Handlungsweise oder eine Regeländerung von den Eltern oder der allgemein anerkannten Autoritätsperson vorgeschrieben wird und alle anderen Familienmitglieder diese Anweisung befolgen, sofern sie diese als halbwegs annehmbar empfinden. Hier fügen sich die Kinder und richten sich nach den Vorgaben einer anderen Person, ohne an dem Prozess der Entscheidung beteiligt gewesen zu sein. Das Ergebnis ist also ein von ihnen unberührtes, vorgegebenes. Der bedeutsamste Aspekt an diesem Prozess ist die Abgabe von Verantwortung. Den „Untergebenen" werden damit die Gedanken über Sinnhaftigkeit, Effektivität und Zieldefinitionen, welche für Entscheidungsfindungen notwendig sind, genommen. Ebenso die intrinsische Motivation, Dinge, Begebenheiten und Verhalten zu verändern und weiterzuentwickeln. Die Kreativität und das Streben des Menschen nach Vollkommenheit, nach persönlicher Weiterentwicklung, nach dem Finden von Ausdrucksmöglichkeiten seiner Gefühle und inneren Welten wird damit im Keim erstickt, da jedwede Umsetzung dessen, was ihn ausmacht, nicht in seiner Hand liegt und durch von außen auferlegte Grenzen und Gesetze eingeschränkt wird. Jeder Mensch fängt früher oder später an, zu leiden und zu rebellieren, sobald er in seinem Sein, in seiner Art sich auszudrücken, in seinem Wagnis, in einem Umfeld voller Inkongruenz und Oberflächlichkeit, kongruent und transparent zu sein, behindert oder eingeschränkt wird. Diese Rebellion kann dabei ganz verschiedene Formen annehmen, welche u.a. vom Charakter und Temperament des jeweiligen Menschen abhängt. Sie kann laut, aggressiv und visionär auftreten, indem der Mensch sich widersetzt, stattdessen seine eigenen Ideen und Vorstellungen von Verhalten, Werten und Lebensweisen entwickelt und umsetzt; sie kann leise, nach innen gekehrt und mäßig sein und sich durch Rückzug, Niedergeschlagenheit und Selbstaufgabe oder –noch viel schlimmer–, durch Selbstleugnung äußern. Es wird alles getan, um dem Selbstkonzept weiter gerecht zu werden und letztlich eine Persönlichkeit gelebt, die dem eigentlichen Selbst und der Aktualisierungstendenz in keiner Weise entsprechen. Der betroffene Mensch ist sich dessen aber nicht bewusst und glaubt, er sei genau derjenige, welcher er vorgibt zu sein. Rogers nimmt sogar an, dass diese unbewusste Lüge, diese Inkongruenz eines Menschen, die Ursache für einen Großteil psychischer Probleme ist. Da ein unbestimmter, aber großer Teil der physischen Krankheiten, die heutzutage auftreten, wiederum psychosomatische Entstehungsursachen haben, liegt im psychischen und seelischen Zustand des Menschen die Antwort auf die meisten Fragen nach dem persönlichen Wohlergehen und Glücksempfinden des Menschen.

Die personenbezogene Familie ist darum bemüht, ein Klima zu schaffen, in dem Macht geteilt wird, in dem jeder einzelne „ermächtigt" und die Gemeinschaft Familie als vertrauenswürdig gesehen wird und als fähig, sich mit Problemen konstruktiv und schöpferisch auseinander zusetzen. Wieder entscheidet hier das grundlegende Menschenbild über die Möglichkeiten und Unmöglichkeiten des Zusammenlebens in

Gemeinschaften. Geht man davon aus, dass der Mensch im Grunde sündig und schlecht ist, bedarf es einer Instanz, die ihn kontrolliert, lenkt und diszipliniert. Das hierarchische System unserer Kulturen funktioniert nach diesem Prinzip, und die meisten Religionen tun es auch. Die Psychoanalyse hat eine ähnliche Auffassung, da sie davon ausgeht, dass der Mensch voll von unkontrollierbaren, unbewussten Impulsen ist, die es zu kontrollieren gilt, weil sie sonst zerstörerisches Potential ausleben würden. Es geht also um ein grundsätzliches Paradigma der Gesellschaft, welches davon ausgeht, dass der Mensch von Natur aus nicht in der Lage ist, sich freiwillig sozial und führsorglich zu verhalten und ein konstruktives und für die Gemeinschaft förderliches, vertrauenswürdiges Klima zu schaffen. Insofern bedarf der Mensch einer höheren Autorität, die ihn belehrt, lenkt, und kontrolliert. Das Fehlen einer solchen Autorität würde zu einer Art Anarchie und Chaos führen, in der ein menschliches Miteinander nicht mehr möglich wäre. [62]

Rogers weist in seinem Buch „Der Neue Mensch" zu Recht darauf hin, dass dieses Paradigma, das auf der Kontrolle des Schlechten in der menschlichen Natur basiert, die Gesellschaft „an den Rand der Katastrophe" gebracht hat. Er sieht die einzige Hoffnung, als Rettung der Menschheit in der Erkenntnis über die Wirksamkeit und Bedeutung des gegensätzlichen Paradigmas, welches einem humanistischen Menschenbild entspringt und besagt, dass der Mensch von Natur aus gut, konstruktiv, vertrauenswürdig und eigenmotiviert ist, sofern eben ein geeignetes psychologisches Klima vorhanden ist. [63]

Wie ist nun diese theoretische Abhandlung über den Prozess einer demokratischen, personenbezogenen Entscheidungsbildung auf den praktischen Lebensalltag einer Familie anzuwenden?

Als Beispiel dient an dieser Stelle die Zusammenfassung eines Erfahrungsberichts einer ehemaligen Klientin von Carl Rogers. Die Klientin hat zusammen mit ihrer Familie beschlossen, die Werte des personenbezogenen Ansatzes in ihr tägliches Miteinander zu integrieren und ihren Umgang miteinander darauf aufzubauen. Als wesentlicher Bestandteil dessen wurde eine wöchentliche Familienversammlung

---

[62] Vgl. Rogers 1986, S.50 ff.
[63] Grundsätzlich ist dieses Axiom nicht neu, im Jahre 1749 schrieb bereits Jean-Jacques Rousseau: „Der Mensch ist von Natur aus gut. Die Menschen werden allein durch unsere Eichrichtungen böse."

abgehalten, innerhalb derer jeder Einzelne die Möglichkeit haben sollte, gegenüber den anderen seine Gefühle, Beschwerden, Ängste, Zufriedenheit oder sonstige Empfindungen und Reaktionen auszudrücken. Hierfür muss vorab erklärt und ggf. geübt werden, wie man Gefühle ausdrückt und dabei bei sich bleibt, ohne eine andere Person zu beschuldigen. Die Familie trifft sich also zu einem vereinbarten Tages- und Zeitpunkt, setzt sich gemeinsam an einen Tisch und jeder ist nacheinander an der Reihe, auf jeden anderen einzeln einzugehen und ihm seine negativen sowie positiven Gefühle ihm gegenüber so ehrlich und offen wie möglich mitzuteilen. Auf diese Weise können Fragen und Missverständnisse wahrgenommen und geklärt werden. [64]

Diese Familienversammlung veränderte nach Aussage der Klientin die Beziehungen der einzelnen Mitglieder sowie das generelle Familienklima. Den Beziehungen an sich wurde eine viel höhere Bedeutung beigemessen als allen anderen Unternehmungen. Alle Familienmitglieder bemühten sich, immer ihre eigenen Gefühle zu äußern, ohne zu verurteilen. Diese Haltung zu verinnerlichen ist den Eltern und Kindern gleichermaßen schwer gefallen. Den Kindern wird eine wesentlich höhere Achtung entgegengebracht, und es entsteht ein Klima der Aufgeschlossenheit. Je mehr diesem neuen Klima vertraut wird, desto mehr kommt es zur Selbstöffnung und tieferen Kommunikation. Die Kinder sind in dieser Kommunikation psychologisch gleichrangig mit den Eltern. Die Klientin berichtet davon, dass sie eine Familienversammlung „außer der Reihe" einberief, um das Thema Unordnung im Haushalt zu besprechen. Während des Gesprächs stellte sich heraus, das kein anderer, außer ihr in dieser Sache ein Problem sah bzw. sich gestört fühlte. Da sie also offenbar ein Problem besaß, hatte sie als Mitglied der Familie ein Recht auf ein gewisses Maß an Rücksichtnahme und bat ihre Familie um Hilfe bei diesem Problem. Ihre Kinder kamen zu der Lösung, eine sog. „Verschwindschachtel" einzuführen, in die alle Gegenstände hineingelegt werden sollten, welche in den gemeinsam genutzten Räumen herumlagen. Die Kinder beschlossen außerdem, dass die dort platzierten Gegenstände für eine Woche in der Kiste verbleiben mussten, unabhängig davon, worum es sich handelt. Von diesem Zeitpunkt an herrschte keine Unordnung mehr, da alle Familienmitglieder, insbesondere die Kinder, akribisch darauf achteten, dass sofort alle Gegenstände, die nicht an ihrem Platz lagen, in der Kiste verschwanden.

---

[64] Rogers 1986, S.50 ff.

Es ergaben sich durchaus kritische Momente, wenn wichtige Kleidungsstücke oder andere persönliche bedeutende Gegenstände für eine Woche nicht an den Besitzer zurückgegeben werden sollten. Es hielten sich aber dennoch alle Familienmitglieder an diese Abmachung, damit dieser Versuch nicht scheiterte. Eine wesentliche Erkenntnis konnte die Mutter aus dieser Geschichte ziehen, da sie bisher der Meinung gewesen ist, als einzige Person in ihrer Familie ordentlich zu sein und nun ebenso viele Gegenstände von ihr in der Kiste verschwanden, wie von ihren Kindern. Die Maßnahme funktionierte also in beide Richtungen.

Eltern gehen in gewisser Hinsicht immer ein Risiko ein, wenn sie ihre Kinder um Hilfe bei der Lösung ihres Problems bitten. Sie übertragen einen Teil der Verantwortung auf ihre Kinder und zeigen ihnen damit, dass ihre Meinung und Lösungsansätze ernst genommen und berücksichtigt werden. Für diese Aufgabe von alleiniger Macht und Kontrolle bedarf es eines hohen Maßes an Vertrauen in seine Kinder und des Mutes, sich auf Veränderungen einzulassen, auf die man alleine vielleicht nie gekommen wäre. Es zeigt sich aber, dass man Kindern in bestimmten Bereichen durchaus die Verantwortung für gewissen Entscheidungen überlassen kann und sie die damit verbundenen Konsequenzen dann sogar mit einer tiefen persönlichen Überzeugung tragen. Dieses Beispiel zeigt auch, dass jedes Problem in erster Linie in den Augen des Betrachters existiert und dass diese Erkenntnis oft erst im Rahmen von gemeinsamen Gesprächen entsteht und nachhaltig gelöst werden kann. Was es im Sinne der personenzentrierten Familie bedeutet, Kinder zu erziehen und welche Haltung die Eltern als Voraussetzung einnehmen sollten, wird im folgenden Kapitel 4.2 genauer dargestellt.

4.2   Der personenzentrierte Ansatz als Haltung der Eltern und seine Konsequenzen für die Erziehung

„Es gibt keine glücklichen Kinder ohne glückliche Eltern. Man muss sich also nicht Gedanken machen über Kindererziehung, sondern über die ganze Familie."[65]

Jesper Juul unterscheidet zwischen zwei groben Grundeinstellungen, die Eltern haben: 1. „Wir tun alles für unsere Kinder, egal ob wir das autoritär oder antiautoritär

---

[65] http://www.zeit.de/2010/09/Jesper-Juul/seite-4, besucht am 03.08.2011

machen." 2. "Jetzt sind wir Eltern, wir sehen das als Möglichkeit an, um uns zu entwickeln und zusammen zu lernen." [66]

Der personenzentrierte Ansatz spricht in erster Linie Eltern an, welche die zweite
Einstellung vertreten. Ein grundlegender Aspekt, welcher die personenzentrierte von
einer traditionell ausgerichteten Familie unterscheidet, ist die Auffassung, dass
Kinder nicht durch Erziehung, sondern durch Beziehung lernen. Natürlich ist es für
die Entwicklung von Kindern wichtig, dass sie Bezugspersonen haben, die ihnen Halt
und Sicherheit geben. Diese Aufgabe wird in einer personenzentrierten Familie aber
vielmehr als begleitend und befähigend verstanden, als maßregelnd und konditionie-
rend.

Darüber hinaus definieren viele Eltern- und Familienratgeber sowie Elterntrainings
die Erweiterung der elterlichen Entscheidungskompetenz als eines ihrer Globalziele.
Hierfür geben sie dann eine Vielzahl von Verhaltensregeln und Tipps mit auf den
Weg und die ratsuchenden Eltern üben hoffnungsvoll die vielversprechenden Schritte
zur besser funktionierenden Familie ein. In schwierigen Situationen und Krisenzeiten
wünschen sich wohl alle Eltern ein allgemeingültiges Rezept, das sie in 10 Schritten
zu einer glücklichen Familie führt. Da aber nicht nur jeder Mensch für sich genommen, sondern auch jede Familie als geschlossene Gruppe ihre ganz eigene Welt hat,
die aus ihren individuellen Regeln, Mustern, Umgangsweisen und Grenzen besteht,
kann es keine universelle Lösung für Probleme geben, die für jede Familie passend
ist. Wie Menschen und Familien auf bestimmte Vorgehensweisen und Lösungswe-
gen reagieren hängt von sehr vielen Faktoren ab, wie z.B. ihrer Persönlichkeit, ihren
erlebten Erfahrungen, den Prägungen ihrer Herkunftsfamilie etc. Darüber hinaus
haben Krisen, die innerhalb einer Familie auftreten, immer einen persönlichen Ursprung.

Es geht im personenbezogenen Familienleben nicht um eine Reduzierung der Konflikte, sondern um eine konstruktive Art und Weise, mit Konflikten umzugehen. Dafür
ist es wichtig, dass die Familie gemeinsam herausfindet, was die Eltern fühlen, was
in ihren Kindern vorgeht und was diese ausdrücken möchten. Nicht jedes Verhalten
der Kinder ist für die Eltern annehmbar, sollte aber dennoch immer von ihnen als

---

[66] http://www.familylab.de/besucht am 03.08.2011

Hinweis verstanden werden. Kinder drücken mit ihrem Verhalten immer ihre Gefühle aus und insbesondere, wenn dieses Verhalten von den Eltern als „schwierig" oder „unartig" empfunden wird, ist das ein Zeichen dafür, dass aus irgendwelchen Gründen eine Schieflage in der Familie bzw. ihrem Klima liegt und die Kinder diese Stimmung zum Ausdruck bringen. Eltern können somit Konflikte als eine Herausforderung verstehen, Unstimmigkeiten aufzudecken, zu lösen und daran gemeinsam zu wachsen.

Um so eine vertrauenserweckende, wachstumsfördernde Atmosphäre zu schaffen, ist es hilfreich, sich die personenzentrierten Aspekte zu vergegenwärtigen. Daher werden die drei Bedingungen der klientenzentrierten Gesprächsführung: „Kongruenz", „Empathie" und „unbedingte Wertschätzung" im Folgenden auf die Erziehung bzw. das Verhalten der Eltern gegenüber ihren Kindern übertragen. Es handelt sich dabei nicht um ein Repertoire an Verhaltensregeln, sondern vielmehr um eine Grundhaltung, die von diesen drei Aspekten geprägt ist.

Die Kongruenz zeigt sich in dem Ausmaß, in welchem die Eltern sich im Verhältnis zu ihren Kindern echt verhalten. Je kongruenter Eltern in dieser Beziehung sind, desto stärker offenbaren sie sich auch gegenüber ihren Kindern, da ihr Verhalten stets ihre gegenwärtigen Gefühle unverfälscht widerspiegelt. Kinder lernen auf diese Weise, dass sie sich auf ihre Wahrnehmung verlassen können. Selbst sehr junge Kinder nehmen bereits die Gefühle und Stimmungen ihrer Mitmenschen, insbesondere ihrer primären Bezugspersonen wahr und müssen lernen, wie sie diese subtilen Einflüsse einordnen können und wie sie damit umgehen sollen. Ist nun die verbale Äußerung des Erwachsenen wiederholt konträr zu der vom Kind wahrgenommen, nonverbalen Botschaft, so lernt das Kind entweder, dass es dem Erwachsenen nicht vertrauen kann oder aber, dass es seinen eigen Gefühlen und Wahrnehmungen nicht vertrauen kann. In beiden Fällen ist das Ergebnis für eine gesunde und selbstbewusste Persönlichkeitsentwicklung kontraproduktiv.

Kongruent zu sein bedeutet nicht, dass der Erwachsene seine gesamte komplexe Gefühlswelt mit seinen Kindern teilen muss. Dafür ist ein Kind sowohl von der Verstandesebene, als auch von der emotionalen Ebene noch nicht reif genug. Komplexe Zusammenhänge können noch nicht verstanden werden und die damit verbundenen

Gedanken und Empfindungen eines erwachsenen Menschen würden eine heran-
wachsende Persönlichkeit verunsichern oder sogar verängstigen. Kinder brauchen in
ihren ersten Lebensjahren die unbedingte Gewissheit, eine sichere und starke Basis
in ihrer Bezugsperson zu haben, auf die sie sich verlassen können und welche immer Schutz und Halt bietet. Nur so können sie eine sichere Bindung entwickeln und
damit ungehemmt ihr Explorationsverhalten ausleben und Selbstbewusstsein erlangen.[67]Es ist aber dennoch möglich, sich seinem Kind gegenüber echt zu verhalten,
indem die Eltern stets ehrlich und offen zeigen, wie sie sich im Bezug auf ein bestimmtes Verhalten ihres Kindes fühlen und welche Reaktionen bestimmte Handlungen des Kindes in ihnen hervorrufen. Nur auf diese Art und Weise lernen die Kinder
sich und ihre Eltern wirklich kennen und können gemeinsam einen Umgang miteinander finden, mit dem beide Seiten gut leben können.

Empathisch zu sein ist vermutlich ein Aspekt, den viele Eltern intuitiv im Umgang mit
ihren Kindern anstreben. Hinzu kommt, dass Einfühlsamkeit generell eine Eigenschaft ist, die heutzutage im Bezug auf persönliche zwischenmenschliche Beziehungen von der Gesellschaft als erstrebenswert angesehen wird. Ein Grund dafür sind
u.a. die Erkenntnisse des letzten Jahrzehnts im Bereich der Entwicklungspsycholo-
gie, welche die Notwendigkeit von Sensibilität, Einfühlsamkeit und emotionaler Ge-
borgenheit für eine gesunde Entwicklung von Kindern belegen.[68] Die Schwierigkeit
liegt also nicht in der Bereitschaft, empathisch zu sein, sondern vielmehr in der Inter-
pretation dieser Eigenschaft. Wirklich empathisch zu sein bedeutet nicht nur, sich im
Bezug auf einen bestimmten Aspekt um die Sichtweise seines Gegenübers zu be-
mühen, sondern „die private Wahrnehmungswelt des anderen zu betreten und darin
ganz und gar heimisch zu werden."[69] Demnach müsste man auch die Art und Weise
erkennen, wie der Mensch Dinge und Gefühle wahrnimmt sowie seine Symbolisie-
rungen, Wertvorstellungen und sein Selbstkonzept verstehen. Ist dies nicht gegeben,
wird die Wahrnehmungswelt des Gegenübers nach den eigenen Maßstäben und
Wertvorstellungen bewertet und interpretiert, ohne dass man sich dessen bewusst
ist. Diese Voraussetzungen zu erfüllen ist sehr schwierig, insbesondere für nicht
fachlich ausgebildete Personen. Es kann aber davon ausgegangen werden, dass es
für eine gelungene empathische Grundhaltung gegenüber seinem Kind, welche

---

[67] Vgl. Bowlby, Fry, Ainsworth 1953
[68] Ebd.
[69] Rogers 1988, S.76

realistisch in ihrer Umsetzbarkeit ist, ausreicht, sich dieser Bedeutung bewusst zu sein und ihre Bedingungen anzustreben.

Der Aspekt der unbedingten Wertschätzung ist für die Haltung von Eltern vielleicht der bedeutendste und ist im Grunde genommen auch eine logische Folge von empathischem Verhalten. Wenn es einem gelingt, die Welt des Kindes durch dessen Augen zu sehen, so als ob man das Kind selbst wäre, dann ist es schwierig, sich nicht bedingungslos wertschätzend gegenüber seinem Kind zu verhalten. Das Selbstbewusstsein eines Kindes, die Förderung seiner Resilienz und seiner Selbstwirksamkeit hängen wesentlich davon ab, in welchem Ausmaß seine Eltern sich ihm gegenüber bedingungslos wertschätzend liebend verhalten.

Es ist davon auszugehen, dass so ziemlich alle Eltern von sich behaupten, dass sie ihr/e Kind/er bedingungslos lieben und ihnen eine Wertschätzung entgegenbringen, die ebenso unbedingt ist. Tatsache ist aber, dass Dokumentationen und Diagnosen aus dem Bereich der Beratung, Psychotherapie und Seelsorge zeigen, dass ein beachtlicher Teil von psychischen bzw. seelischen Problemen auf Verletzungen einer nicht bedingungslos empfundenen Liebe seitens der Eltern oder eines Elternteils zurückzuführen sind. In unserer Gesellschaft wird die Liebe und Wertschätzung der Eltern oder anderen Bezugspersonen oft von Bedingungen abhängig gemacht. „Dem Kind wird nur dann absolute Wertschätzung entgegengebracht, wenn es bestimmte Konstrukte und Werte als seine eigenen internalisiert."[70] Es wird z.B. ganz selbstverständlich erwartet, dass ein Kind seine Mutter zu lieben hat. Die dem Kind entgegengebrachte Zuneigung wird an diese Bedingung geknüpft. Es existiert ein allgemeines Wertedenken, welches ambivalente Gefühle der eigenen Mutter gegenüber, Wut oder Hass, verbietet bzw. tabuisiert. Eine Folge davon ist, dass derartige Gefühle oft aus dem Bewusstsein ausgeschlossen werden, d.h., dass das Kind seine wahren Gefühle nicht ins Bewusstsein dringen lässt, damit es dem erwünschten Bild der Eltern entspricht und ihm die Liebe und Wertschätzung entgegengebraucht wird, nach der es sich sehnt. Was Kinder daraus lernen ist, ihre eigenen Erfahrungen zu ignorieren und sich von sich selbst zu dissoziieren.[71] In einer personenzentrierten Familie wird das Kind als achtenswertes Individuum betrachtet, welches ein Recht

---

[70] Rogers 1985, S. 265
[71] Rogers 1985, S. 276

darauf hat, seine eigenen Empfindungen und Einstellungen zu haben und vor allem auch das Recht darauf, sein Erfahrungen auf seine persönliche Weise zu bewerten.

Im Alltagsleben einer durchschnittlichen Familie geht es mitunter hektisch zu, da morgens alle Familienmitglieder ihren Zeitplan einhalten müssen und jeder Einzelne seine persönlichen Bedürfnisse hat, die mit denen der anderen Familienmitglieder kollidieren können. Eine Familie zu organisieren und zu managen ist eine komplexe und anspruchsvolle Aufgabe. Unter diesen Umständen ist es fast unmöglich, immer kongruent, empathisch und absolut wertschätzend miteinander umzugehen. Dieses Ziel ist nicht nur unrealistisch, sondern nicht einmal erstrebenswert, denn gerade in den auftretenden Störungen und Konflikten im Umgang miteinander liegen auch die Herausforderungen und Gelegenheiten, welche persönliches Wachstum ermöglichen. Darüber hinaus ist es wichtig, den eigenen Kindern vorzuleben, dass Fehler und Unzulänglichkeiten menschlich sind und passieren dürfen. Es geht darum, diese förderlichen Bedingungen als grundsätzliche Haltung und als vorherrschendes Klima innerhalb der Familie zu etablieren. Ist dies der Fall, können zeitweise Abweichungen und Konflikte der grundsätzlich positiven Beziehungs-qualität nichts anhaben.

Die genannten Aspekte beschreiben eine personenzentrierte Haltung und lassen sich nicht auf eine konkrete Methode herunterbrechen, welche allgemeingültig anwendbar ist. Sicherlich können Elternratgeber und Elterntrainings eine hilfreiche Stütze sein, wenn Eltern sich überfordert fühlen und alleine nicht mehr weiter wissen. Wer sein Familienleben aber personenzentriert gestalten möchte, kann nicht einfach nach einer passenden Methode für Kindererziehung suchen, sondern muss für sich und mit seiner Familie zusammen seinen eigenen individuellen Weg finden. Es ist hilfreich, wenn Eltern sich Fragen stellen, die ihre Wertvorstellungen klären und die reflektieren, wo sie stehen und wohin sie wollen. Einige der folgenden Fragen lassen sich auch gemeinsam mit den Kindern besprechen, sofern diese das entsprechende Alter dafür haben:

- Woran glaube ich?
- Was sind die eigentlichen Bedürfnisse des Menschen?

- Welche Werte, die mir meine Eltern vermittelten, haben sich als konstruktiv erwiesen und welche sollte ich über Bord werfen? [72]
- Was bedeutet „Familie" für mich und warum bedeutet sie das?
- Aus welchen Gründen habe ich eine Familie gegründet? Sind diese Gründe aus heutiger Sicht immer noch die gleichen? Wenn ja, warum? Und wenn nein, warum nicht?
- Fühle ich mich in meiner Familie wohl und gesehen? Wenn nicht, was braucht es, damit ich mich so fühlen kann?

4.2.1 Über Demokratie innerhalb der Eltern-Kind-Beziehung

In diesem Kapitel wird die Frage und Bedeutung von Demokratie innerhalb der Familie bzw. Eltern-Kind-Beziehung erläutert. Der personenzentrierte Ansatz ist von seiner Ausrichtung her definitiv auf Gleichwertigkeit und Selbstbestimmung des Individuums bedacht. Aufgrund der starken Ausrichtung auf das Kind und seiner Einbezogenheit in familiäre Entscheidungen und Entwicklungen kann es zu dem fatalen Missverständnis kommen, dass Kinder „gleichberechtigt" sein sollen bzw. die Familienpolitik „demokratisch" ausgerichtet sein soll. Es muss also zuerst die Bedeutung der Begriffe „demokratisch" und „gleichberechtigt" geklärt werden.

„Demokratie bezeichnet einerseits das Ideal einer durch die Zustimmung der Mehrheit der Bürger und die Beteiligung der Bürger legitimierten Regierungsform, der „Volksherrschaft". Andererseits bezeichnet Demokratie einige tatsächlich existierende politische Systeme, die sich – unter anderem – durch freie Wahlen, das Mehrheitsprinzip, politische Repräsentation, den Respekt politischer Opposition, Verfassungsmäßigkeit und den Schutz der Grundrechte (bzw. nur den Staatsbürgern vorbehaltene Bürgerrechte) auszeichnen."[73] Betrachtet man also die eigentliche Definition von Demokratie, muss man feststellen, dass dieser Begriff für die Struktur und die Organisation einer Familie nicht ganz zutreffend ist. Die Kinder haben zwar ein gewisses Mitspracherecht, und ihre Bedürfnisse werden in Entscheidungsfindungen mit

---

[72] Juul 2011, S.19
[73] http://de.wikipedia.org/wiki/Demokratie, besucht am 09.08.2011

einbezogen, sie können aber ihre „Regierung" nicht wählen bzw. „abwählen" und müssen sich im Zweifelsfall doch der letzten Instanz fügen.

Jesper Juul bring es in wenigen Sätzen auf den Punkt: „Nicht gleichberechtigt sind Eltern und Kinder, sondern sie verfügen als Menschen über gleiche Würde. Erwachsene müssen sich jederzeit so verhalten, dass sie die Würde des Kindes nicht verletzen. Aber gleichberechtigt ist das Kind deswegen nicht."[74] Gleichberechtigt bedeutet schließlich auch, gleiche Pflichten und die gleiche Verantwortung zu haben. Aus diesem Grund kann ein Kind nicht gleichberechtigt mit einem Erwachsenen sein. Sowohl ein Kind im Alter von 2 Jahren, als auch eines im Alter von zehn oder fünfzehn Jahren ist überfordert, die gleiche Verantwortung zu übernehmen wie ein erwachsener Mensch. Kinder brauchen für eine gesunde Entwicklung zweifellos die Führung von Erwachsenen. Der Aspekt der Gleichwürdigkeit stellt diese Haltung nicht in Frage, sondern bezieht sich lediglich auf die Art bzw. auf die Qualität der Führung. [75] Eltern, die ihre Kinder gleichwürdig behandeln, nehmen diese ernst und respektieren ihre persönlichen Eigenheiten und Gefühle. Sie berücksichtigen die Bedürfnisse ihrer Kinder und beziehen diese, wenn es ihnen möglich ist, in ihre Entscheidungen mit ein.

Rogers' Aspekt der absoluten Wertschätzung sollte im Bezug auf die Erziehung nicht als Grundlage für eine Gleichstellung von Rechten, Pflichten und Verantwortungen von Kinder und Eltern verstanden werden. Es geht hier nicht um die dogmatische Umsetzung eines theoretischen Prinzips. Unbedingte Wertschätzung bedeutet vielmehr, den Menschen in seinem Sein bedingungslos zu würdigen und zu schätzen. Eltern erkennen ihre Kinder in all ihrer Verschiedenartigkeit an. Was das konkrete Verhalten der Eltern betrifft, muss immer die jeweilige Situation betrachtet werden, in der es darum geht, eine befriedigende Beziehung herzustellen. Wie bereits im vorstehenden Abschnitt 4.1.1 erläutert, sind die Entscheidungsfindungen in einer personenzentrierten Familie durchaus demokratisch, da alle Mitglieder miteinbezogen werden, damit Veränderungen und Regeln eingeführt werden, mit denen auch alle Beteiligten leben können. Natürlich ist eine Beteiligung und Miteinbeziehen von Kindern immer nur im Verhältnis zu ihrem Entwicklungsstand umzusetzen, damit sie mit dem Grad der ihnen übertragenen Verantwortung nicht überfordert sind. Generell

---

[74] http://familienhandbuch-test.bayern.de/cmain/f_Aktuelles/a_Erziehungsfragen/s_568.html
[75] Juul 2010, S.74 ff.

ist festzuhalten, dass „Gleichwertigkeit" eine notwendige Qualität ist, um fruchtbare bzw. therapeutisch wirksame Beziehungen aufzubauen und zu leben. Das gilt für die Eltern-Kind-Beziehung ebenso, wie für alle anderen Beziehungsformen.

4.2.2 Über die Bedeutung und den Wert von Grenzen

Es gibt kaum ein Thema, welches in der Pädagogik so konträr diskutiert wurde und bei dem sich die Ansichten und Trends im Laufe der Zeit so verändert haben, wie bei der Frage nach dem Setzen von Grenzen in der Kindererziehung. In den 20er Jahren des 20. Jahrhunderts waren die meisten Eltern davon überzeugt, dass es ein Hauptziel der Erziehung sei, dass Kinder lernen müssen, sich anzupassen und unterzuordnen. Für die Erreichung dieses allgemein anerkannten Ziels wurde sogar die Anwendung von Gewalt als akzeptables Mittel gesehen.[76] Die Forschung im Bereich der Erziehung begann erst im 20 Jahrhundert, und seither hat sich viel getan. Man ist zu neuen Erkenntnissen über Kindes- und Persönlichkeitsentwicklung gekommen[77] und das traditionelle, konservative Verständnis von Familie und Erziehung hat sich weitgehend aufgelöst. In den 60er Jahren herrschte ein Trend zum antiautoritären Erziehungsstil und heutzutage sind viele Eltern unter der mittlerweile enormen Vielfalt von Erziehungsstilen (autokratisch, autoritär, demokratisch, egalitär, permissiv, laissez-faire, negierend) auf der Suche nach ihrem „perfekten" Erziehungsstil.

Gordon erläutert in seinem Modell ausführlich und nachvollziehbar, warum das Thema Macht und Autorität in der Eltern-Kind-Beziehung zu Konflikten und Schwierigkeiten führt und dass die Existenz eines Machtgefälles die Qualität jeder Beziehung erheblich mindert. Carl Rogers ist im Laufe seiner Arbeit als Therapeut ebenfalls zu der Erkenntnis gekommen, dass eine wachstumsfördernde Beziehung zwischen Therapeut und Klient nur hergestellt werden kann, wenn sich beide Seiten auf einer Ebene befinden und als gleichwertige Menschen begegnen. Welche Konsequenzen haben diese Erkenntnisse nun für die konkrete Frage nach der Grenzsetzung innerhalb der Erziehung? Jesper Juul unterscheidet zwischen Grenzen, die in

---

[76] Juul 2011, S. 24
[77] 1930 veröffentlichte Alfred Adler ein Buch mit dem Titel „Kindererziehung", in dem er die individualpsychologischen Konzepte auf die kindliche Entwicklung und auf die Erziehung in Schule und Elternhaus anwandte. Ebenfalls in den 30er Jahren führte der Sozialpsychologie Kurt Lewin Feldexperimente zu den Wirkungen unterschiedlicher Führungsstile auf das Leistungsverhalten von Jugendgruppen durch.

Form von praktischen Regeln eingeführt werden und Grenzen, die einen eher persönlichen Charakter haben.[78] Die praktischen Regeln, welche Eltern einführen, betreffen das Verhalten und das Miteinander innerhalb der Familie, aber auch grundsätzliches Verhalten außerhalb der familiären Gemeinschaft. Diese Regeln bestimmen, was Kinder tun dürfen und was verboten ist. Dürfen sie Fernsehen gucken, müssen sie ihr Zimmer selbst aufräumen, darf man sich beim Essen unterhalten, wird überhaupt zusammen eine Mahlzeit eingenommen oder nicht? Gibt es klare Zeiten, zu denen die Kinder ins Bett gehen sollen? Diese Regeln entsprechen persönlichen oder auch übergeordneten Prinzipien, welche die Eltern entweder während ihrer eigenen Kindheit vorgelebt bekommen und internalisiert haben, oder welche sie durch Einflüsse ihres Umfeldes und Aneignung von Wissen gebildet haben. Grenzen, die einen persönlichen Charakter haben, folgen keinen allgemeinen Prinzipien, sondern den Bedürfnissen dessen, der sie setzt. Die ursprüngliche Frage ist immer die, ob ein bestimmtes Verhalten einer anderen Person (des Kindes) das eigene Wohlbefinden beeinträchtig oder nicht.

Juul vertritt ebenso wie Gordon die Meinung, dass Verbote und Strafen grundsätzlich negativ zu bewerten sind, da sie meist aus übergeordneten Prinzipien und festgefahrenen Wertvorstellungen resultieren, hinter denen Eltern im Grunde genommen nicht wirklich stehen und deren Sinn oftmals tatsächlich nicht ersichtlich ist. Darüber hinaus bewirken Verbote und Kritik sowohl bei Kindern als auch bei Erwachsenen meist das Gegenteil von dem, was damit bezweckt wurde. Es ist ein großer Unterschied, ob Eltern Verbote aussprechen oder ob sie persönliche Grenzen setzen. Bei Verboten spricht man immer in der „Du-Form" d.h. es werden sogenannte „Du-Aussagen" benutzt, wie z.B. „Du darfst das Radio nicht aufdrehen!" oder „Hör endlich damit auf, auf mir herumzuturnen!". Wenn Eltern jedoch ihre persönlichen Grenzen ausdrücken, sprechen sie von sich und benutzen sogenannte „Ich-Aussagen" wie z.B. „Ich will nicht, dass du jetzt das Radio aufdrehst, weil ich den Lärm gerade nicht ertragen kann." Oder „Ich mag es nicht, wenn du auf mir herumturnst, als sei ich ein Klettergerüst." Ich-Aussagen sind persönliche Aussagen und stellen Kontakt zwischen Menschen her, während Du-Aussagen Distanz schaffen und immer eine Bewertung beinhalten.[79]

---

[78] Juul 2011, S.22
[79] Juul 2011, S. 28ff

Über die Tatsache, dass Kinder erwachsene Bezugspersonen in ihrem Leben brauchen, die sie leiten, ihnen Halt und Schutz geben, besteht kein Zweifel. Wenn es aber darum geht, was es praktisch bedeutet, für die Gesundheit und das Wohlbefinden eines Kindes verantwortlich zu sein, scheiden sich die Geister. Manche Eltern sehen die einzige Möglichkeit, diese Verantwortung umzusetzen darin, klare Grenzen, Verbote und Regeln aufzustellen, deren Missachtung mit unangenehmen Konsequenzen verbunden ist. Eltern, die diese Meinung vertreten, haben im Grunde genommen wenig Vertrauen in ihren Einfluss auf ihre Kinder und in ihre Kinder selbst. In einer Familie, die nach den personenzentrierten Grundsätzen lebt, setzen Eltern ihre Verantwortung so um, indem sie ihre Kinder begleiten und ihnen hauptsächlich durch ihr eigenes Verhalten den Weg weisen. Sie helfen und beraten immer, wenn das Kind es möchte, halten sich aber auch oft zurück, um die Selbstständigkeit des Kindes zu fördern und ihm zu zeigen, dass sie ihm bestimmte Dinge zutrauen. Diese Eltern setzen durchaus Grenzen, und zwar ihre persönlichen. Diese Grenzen sind sozusagen ein Teil ihrer Persönlichkeit, für die man weder theoretische Erklärungen finden noch sich rechtfertigen muss.[80]Sie unterdrücken also keineswegs ihre eigenen Bedürfnisse sondern teilen diese ihrem Kind mit und zeigen ihm damit, dass jeder Mensch seine eigenen Anliegen hat und man miteinander einen Weg finden muss, dass z.B. jedes Familienmitglied mit seinen persönlichen Bedürfnissen gesehen und berücksichtigt wird. Es ist ein fundamentales Bedürfnis jedes Menschen, so wie er ist, ernst genommen und akzeptiert zu werden. Dies ist auch eine unabdingbare Voraussetzung dafür, dass wir uns in der Gemeinschaft mit anderen Menschen wohlfühlen.[81]

Diese beschriebenen Haltungen sind generelle Grundtendenzen, die ein sehr unterschiedliches Verständnis von Erziehung, Verantwortung und dem Menschenbild widerspiegeln. Im alltäglichen Umgang mit ihren Kindern üben die meisten Eltern heutzutage quasi einen ständigen Drahtseilakt aus, bei dem sie unentwegt ausbalancieren müssen, wann sie Verantwortung übernehmen und in das Verhalten ihres Kindes eingreifen müssen und wann sie sich zurückhalten und ihrem Kind die Freiheit überlassen, sich so zu verhalten, wie es das will. Es ist sicherlich hilfreich, sich hierbei immer wieder selbst zu reflektieren und sich zu fragen, aus welchen Gründen

[80] Juul 2011, S. 36
[81] Juul 2011, S.37

man wann welche Grenzen setzt und ob man wirklich von diesen überzeugt ist. Wenn Eltern Verbote und Grenzen aussprechen, hinter denen sie nicht stehen, fühlen die Kinder diese Unsicherheit und nehmen die Vorgaben umso weniger an.

4.2.3 Über den Wert des Glücklichseins

Viele Eltern, insbesondere Mütter, sehen es als ihre Hauptaufgabe an, dafür zu sorgen, dass es ihren Kindern immer gut geht und sie tun alles mögliche dafür, dass ihre Kinder immer glücklich sind. Eine personenzentrierte Familienkultur zeichnet sich hingegen gerade durch ihre Authentizität aus. Dadurch, dass möglichst alle vorhandenen Gefühle gelebt und zum Ausdruck gebracht werden. Dadurch, dass es von den Familienmitgliedern als selbstverständlich empfunden wird, sich mit ihren Gefühlen untereinander zu zeigen und gemeinsam herauszufinden, was in einem vorgeht und was das zu bedeuten hat. Die Erkenntnisse, die dabei gemeinsam gewonnen werden sind von unschätzbarem Wert sowohl für den Einzelnen, als auch für die Familie als Gemeinschaft. Sie führen zu persönlicher Klarheit und damit zu persönlichem Wachstum. Der Unterschied zu einer „nicht personenzentrierten Familie" ist der, dass hier die Chance zu Wachstum und Klarheit, welche in der Auseinandersetzung mit Konflikten und unangenehmen Gefühlen steckt, erkannt und geschätzt wird. Es passiert immer wieder, dass die Kommunikation in einer Familie gestört ist und sich die beteiligten Personen missverstanden, nicht genug respektiert oder einsam fühlen.[82] Es gibt eine Vielzahl von Ursachen für solche „Störungen", die den Kontakt untereinander blockieren und einzelne Familienmitglieder voneinander distanzieren. Aus dieser Verletztheit heraus reagieren Menschen zunächst meist mit Aggression, Gereiztheit oder mit emotionalem Rückzug. Diese Art von Gefühlen sind immer ein Anzeichen für eine emotionale Schieflage innerhalb der Familie und wenn man sie unterdrückt, beginnen sie zu wachsen und führen zu destruktivem Verhalten bzw. brechen irgendwann explosionsartig aus. In einer personenzentrierten Familie werden diese Anzeichen sofort wahr- und ernstgenommen. Die Familienmitglieder sprechen dann miteinander und gehen den Dingen auf den Grund. Kinder sind dabei natürlich mehr auf das Einfühlungsvermögen und die Bemühungen der Eltern angewiesen, sie verstehen zu wollen, da sie bis zu einem gewissen Alter noch nicht richtig

---

[82] Juul 2011, S.58

in der Lage sind, derart bewusst und selbstreflektiert mit ihrem inneren Erleben umzugehen.

Wenn man sich als Eltern offen und neugierig mit Konflikten und negativen Gefühlen
auseinandersetzt und den Kindern vorlebt, dass solche „Störungen" nichts Beängsti-
gendes sind, sondern eher eine willkommene Gelegenheit, mehr Klarheit zu gewinnen und sich dadurch in der Familie emotional näher zu kommen, dann wachsen
Kinder auch mit der Einstellung auf, dass es nicht nur „nicht schlimm", sondern gar
nicht erstrebenswert ist, dauernd glücklich und emotional ausgeglichen zu sein.
Diese Kinder wachsen mit der Sicherheit auf, dass alle Gefühle ihre Daseinsberechtigung haben und dass die Liebe und Zuneigung ihrer Eltern davon unabhängig und
bedingungslos ist. Damit können sie alle ihre Gefühle bzw. ihr inneres Erleben annehmen und in ihr Selbstkonzept[83] integrieren, was wiederum zu einer bewussten
und gesunden Persönlichkeitsentwicklung führt.

4.3 Die Paarbeziehung als lebendige, wachstumsfördernde Begegnung

Gordon teilt zwar das Menschenbild des personenzentrierten Ansatzes und übernimmt für sein Konzept die grundlegenden Aspekte des zwischenmenschlichen
Miteinanders, er geht in seinem Modell allerdings nicht im Detail auf die anderen
Beziehungen innerhalb der Familie ein, da er sein Interesse auf die Erziehung und
damit auf die Eltern-Kind-Beziehung fokussiert. Eine Familie besteht aber außerdem
noch aus der Paarbeziehung der Eltern und eventuellen Geschwisterbeziehungen[84].
Darüber hinaus spielt die Sicht des Kindes auf die Eltern eine Rolle und inwiefern
das Kind den Erwachsenen inspiriert oder in Frage stellt. Sofern die Eltern sich darauf einlassen, eröffnet sich ihnen damit eine weitere Möglichkeit, zu reifen und sich
„im Sinne der personenzentrierten Familie" in ihrer Persönlichkeit weiterzuentwickeln.

Wie bereits in der Einleitung erläutert, haben diverse soziale Faktoren die Paar- bzw.
Ehebeziehung im Laufe der Geschichte beeinflusst, so dass es kaum möglich ist, die
spezifischen Auswirkungen der einzelnen Faktoren isoliert zu betrachten. Zusam-

---

[83] Vgl. Kapitel 3.1.1: Die Persönlichkeitstheorie
[84] auf die Geschwisterbeziehungen wird in diesem Buch nicht näher eingegangen, da die Eltern-Kind-Beziehung
und die Paarbeziehung der Eltern zur Demonstration eines personenzentrierten Familienlebens als ausreichend
gesehen werden.

menfassend kann festgehalten werden, dass die Verfügbarkeit von wirksamen Verhütungsmitteln, die Präsenz von Frauen im Berufsleben und die damit verbundene finanzielle Unabhängigkeit sowie die gesellschaftlich gestiegene Akzeptanz von Scheidungen alles Gegebenheiten sind, welche die Qualität der Beziehung eines Paares mehr in den Mittelpunkt gerückt haben. Kein Mensch ist heutzutage mehr gezwungen oder genötigt, bis an sein Lebensende in ein und derselben Beziehung zu bleiben. Frauen können selbstständig über ihre berufliche Entwicklung sowie private Familienplanung entscheiden. Diese neue Mobilität von Familien und die Selbstständigkeit der Frau führen logischerweise zu einer mangelnden Sesshaftigkeit von Familien und die typische Großfamilie, welche Spannungen auffangen und bei der Kinderbetreuung unterstützen könnte, stirbt aus. Die zunehmende sexuelle Freizügigkeit führt zu vermehrten vor- und außerehelichen sexuellen Beziehungen. Genau diese Entwicklungen machen die Paarbeziehung bzw. die Ehe riskanter, spannungsgeladener und weniger dauerhaft. Auf der anderen Seite bietet genau dieser Aspekt, dass die Grundmotivation der Beziehung meist die frei gewählte Entscheidung des Paares ist, zusammenleben zu wollen, ungeahnte Möglichkeiten der Beziehungsarbeit.

Was bedeutet es, eine personenzentrierte Partnerschaft zu leben? Die personenzentrierte Beziehung ist geprägt von Transparenz, Offenheit, Kongruenz, Wertschätzung, Respekt und vor allem durch die grundsätzliche Bereitschaft bzw. das Interesse an persönlichem Wachstum und der Reifung des Selbst. Eigentlich bedeutet es, dass die Beziehung genau da anfängt, wo die meisten aufhören, dass man da anfängt zu fragen, wo andere aufhören, weil es ihnen zu intim wird. Kongruent zu sein ist an sich schon eine verhältnismäßig schwierige Aufgabe. Es bedeutet, stets in Kontakt mit dem zu sein und zu bleiben, was in einem vorgeht und nicht vom Anderen, sondern von sich selbst zu reden. Es bedeutet auch, diese von mir wahrgenommene Gefühle und Gedanken meines inneren Erlebens meinem Partner mitzuteilen und ihm wiederum aufmerksam und offen zuzuhören, wenn er sich mir mitteilt, ohne dabei das Gehörte zu interpretieren oder zu bewerten. „Beide Seiten respektieren gleichermaßen sich selbst und verfügen über Rechte, die durch das Kind nicht außer Kraft gesetzt werden können."[85] Es bedeutet auch, dem Partner zu jeder Zeit das Gefühl zu geben, ihn so zu akzeptieren, wie er ist. Das funktioniert auch, wenn

---

[85] Rogers 1986, Dir Kraft des Guten, S. 42

man nicht einer Meinung ist oder das Verhalten des Anderen missbilligt. Wenn beide Partner die Überzeugung teilen, dass der Wert des Menschen unantastbar ist und in keiner Abhängigkeit zu seinem Verhalten oder seinen Gefühlen steht, dann kann man auch mit Kritik und Schwächen gut umgehen, ohne sich dauerhaft persönlich verletzt zu fühlen, in eine Abwehrhaltung zu gehen oder Komplexe im Selbstwert zu bekommen. In einer personenzentrierten Partnerschaft geht es darum, sich selbst und den Anderen immer wieder neu zu entdecken und zu verstehen. Es ist zweifellos eine Herausforderung, die Konflikte als eine Möglichkeit zur Weiterentwicklung zu begreifen.

In Beziehungen, in denen ein geringeres Bewusstsein herrscht, in denen sich die Partner weder sich selbst gegenüber, noch dem Anderen öffnen, wird gar nicht deutlich, was für stark differierende Wahrnehmungen die jeweiligen Partner haben, wie unterschiedlich ihre Ziele und Vorstellungen vom Leben und der Liebe sind. Es wird höchstwahrscheinlich irgendwann der Zeitpunkt kommen, an dem einer von beiden oder beide Partner feststellen, dass sie unzufrieden mit der Beziehung sind und sich nicht mehr erfüllt fühlen. Woher dieses Gefühl genau kommt und wie es überhaupt zustande gekommen ist, können sie aber meist nicht klar formulieren. Die Beziehung ist dann nur noch geprägt von gegenseitigen Vorwürfen, Enttäuschungen und Verständnislosigkeit. Was als Fazit übrigbleibt ist eine allgemeine Verständigung über die Tatsache, dass die Liebe nach so vielen gemeinsamen Jahren des Zusammenlebens eben an Romantik und Idealismus verliert und dass diese Entwicklung ganz „normal" ist. Das Paar tut gut daran, diese Realität anzunehmen und die neu dazu gewonnen Qualitäten wie tieferes Vertrauen, Freundschaft und Routine mehr zu schätzen. Wenn jemand dazu neigt, den anfänglichen Attributen wie Romantik, gegenseitige Aufmerksamkeit, lange Gespräche, Verliebtheit und gemeinsame Visionen nachzutrauern, gilt er als hoffnungsloser Romantiker, der in seiner Persönlichkeit noch nicht reif genug ist, um die Realität zu verstehen. Genau diese Merkmale können aber über Jahre des Zusammenlebens das Miteinander prägen und der personenzentrierte Ansatz ist eine Möglichkeit, so zu leben.

Eine Beziehung, welche von den personenzentrierten Grundsätzen geprägt ist, hat sogar sehr wenig mit unrealistischer Romantik und Idealisierung zu tun. Sie führt zu mehr Realismus als jede andere Art der Begegnung und eröffnet wertvolle Entwicklungen:

- **Bereits vorhandene Schwierigkeiten kommen ans Licht**, da sich die Menschen gegenüber ihren eigenen Gefühlen und Ängsten öffnen und bereit sind, diese gemeinsam anzusehen und zu besprechen.

- **Man lernt sich selbst und seinen Partner wirklich kennen**, und zwar durch diese Offenheit und Transparenz.

- **Es entsteht eine bedeutend stärkere Nähe, Intimität und Aufrichtigkeit.** Sofern beide Seiten in einer Beziehung diese Haltung und Verhaltensweisen aus voller Überzeugung annehmen, wird ihre Kommunikation untereinander offener, echter und die Partner hören einander besser zu.

- **Die Partner lernen, den Wert der Eigenständigkeit zu erkennen.** Sie werden mehr zu eigenständigen Persönlichkeiten, die durch Kommunikation, emotionale Nähe und gegenseitige Zuneigung miteinander verbunden sind. Durch dieses neu entstandene Klima verändert sich auch unweigerlich die „Politik" oder „Kultur" der Ehe (Beziehung).

- **Die Qualität der Beziehung an sich gewinnt an Bedeutung** und löst sich z.B. von einer unreflektierten Orientierung nach gesellschaftlichen Erwartungen und konventionellen Verhaltensmustern, von eingefahrenen Abläufen und abgestumpfter Unaufmerksamkeit. Damit werden die Verhaltensweisen in jedem Moment von der Person selbst gewählt und nicht von Rollen und Rollenerwartungen bestimmt.

- **Es steigt das Bewusstsein darüber, dass Emotionen genauso bedeutsam sind wie der Intellekt** Genau dieses Merkmal macht den Kern und den Wert einer personenzentrierten Partnerschaft aus. Es gibt im täglichen Leben zumeist oberflächliche Kommunikation, da die persönlichen Emotionen und Gefühle nicht mit einfließen und versucht wird, das Gespräch vom Verstand zu steuern und möglichst objektiv zu bleiben. Die Angst, sich lächerlich zu machen, nicht verstanden oder gar verletzt zu werden, hindert die Menschen daran, sich selbst mitzuteilen, so wie sie sind. Dadurch wird Kommunikation unecht und oberflächlich.

- **Das gegenseitige Vertrauen wächst stetig, je offener und echter die Partner sich zueinander verhalten**

  Bei der Lösung von Problemen in der Beziehung brauchen beide Partner eine innere Bereitschaft, ihrem Gegenüber bedingungslos ihre Gefühle zu offenbaren. Bei diesem Prozess werden gemeinsam alle vorhandenen Möglichkeiten erkundet und am Ende ergibt sich evtl. eine Lösung, die für beide Seiten ein Kompromiss bedeutet.[86] Über ihre Gefühle und Einschätzung der neuen Situation können die Partner sich dann austauschen und bei Bedarf neu entscheiden.

In einer personenzentrierten Beziehung sind beide Partner bemüht, ein größeres gegenseitiges Vertrauen zu erlangen, mehr gemeinsame Interessen zu entwickeln sowie in ihrer Persönlichkeit zu wachsen. Um auf diese Art und Weise miteinander zu leben und zu kommunizieren, braucht man weder eine spezielle Ausbildung noch ein kompliziert ausgearbeitetes Konzept, nach dessen Richtlinien man sich ausrichten muss. Allerdings spricht diese Art der Kommunikation und diese Verhaltensweisen sicher nur Menschen an, welche diese humanistischen Wertauffassungen und das Menschenbild des personenzentrierten Ansatzes teilen. Hier stellen sich Fragen wie z.B.: Welche persönliche Entwicklung wird angestrebt? Welche seelischen Vorgänge werden als bedeutungsvoll angesehen? Welche sollen durch die Begegnung mit dem Partner gefördert werden? Was versteht man überhaupt unter Paarbeziehung, und welchen Nutzen möchte man aus ihr ziehen? Welche Entwicklungen im Leben werden generell als erstrebenswert angesehen und welche nicht?

---

[86] Rogers, Die Kraft des Guten, S. 56 ff.

4.4 Die Bedeutung der Beziehungsqualität der Eltern für die Entwicklung des Kindes

„Das Leben in der Familie handelt nicht von dem, was wir gemeinhin als Kindererziehung bezeichnen. Es wird im Wesentlichen von der Qualität bestimmt, die das individuelle und gemeinsame Leben der Erwachsenen hat. Diese Qualität beeinflusst das Wohlergehen der Kinder in weitaus höherem Maße, als es unsere bewusste „Erziehung" je könnte."[87]

Die Ehe- bzw. Paarbeziehung ist das vorrangige Modell, das alle anderen Interaktionen innerhalb der Familie beeinflusst. Auch die Beziehung der Familienmitglieder zu Personen außerhalb der Familie wird von dieser primären Interaktion geprägt. Es wird das Modell der Eltern, wie sie als Paar leben und sich geben, internalisiert und später sowohl bewusst als auch unbewusst in die eigene Paarbeziehung miteingebracht. Einige dieser verinnerlichten Aspekte werden im späteren Erwachsenenleben bewusst übernommen, andere bewusst abgelehnt. Hier kann das eigene Beziehungsverhalten selbstständig gewählt und verändert werden. Was die unbewusst verinnerlichten Teile des elterlichen Beziehungsmodells betrifft, verhält es sich sehr viel komplizierter. In diesem Fall wurden in der Kindheit bestimmte Aspekte des elterlichen Beziehungsmodells aufgrund von Angst oder Manipulation seitens der Eltern (was auch wieder zu Angst führt) verdrängt oder verleugnet und haben somit unbemerkt Einfluss auf Partnerwahl und das spätere Beziehungsverhalten.[88] Je geringer also der Anteil an unbewussten Verinnerlichungen ist, desto größer ist der dem Bewusstsein zugängliche Bereich und damit auch die Handlungs- und Entscheidungsfähigkeit des Erwachsenen. Eine gelungene personenzentrierte Paarbeziehung hat weniger unbewusste Aspekte im Beziehungsmodell als eine traditionelle Beziehung.

Die Paarbeziehung der Eltern beeinflusst nicht nur die Entwicklung bzw. die Persönlichkeit des Kindes, sondern auch maßgeblich das Leben und die Atmosphäre innerhalb der Familie. In schwierigen Phasen hat es für Eltern oft den Anschein, als würden eher die Stimmungen und Verhaltensweisen der Kinder das Klima in der Familie beherrschen. Im Grunde genommen ist aber die Grundatmosphäre viel mehr von der

---

[87] Juul 2011, S.16
[88] Skynner 1978, S.86 ff.

Art und Weise abhängig, wie Eltern mit den Gefühlen umgehen, die bestimmte Begebenheiten in ihnen auslösen. Entscheidend für das Wohlergehen der Familie ist, dass die Gefühle jedes Einzelnen von allen ernst genommen und respektiert werden, dass die Eltern sich nahe stehen und miteinander offen und ehrlich über ihre Sorgen sprechen können und vor allem auch, dass den Eltern die Notwendigkeit von Konflikten bewusst ist und sie gemeinsam herausfinden, welcher Weg für sie der beste ist, um mit Konflikten umzugehen.[89]

In einer personenzentrierten Familie sind sich die Kinder vieler ihrer Gefühle sowie der ihrer Eltern bewusst. Sie haben gelernt ihre Gefühle auszudrücken und die Erfahrung gemacht, dass diese akzeptiert werden, unabhängig davon, welcher Natur sie sind. Dies ist möglich, weil ihre Eltern genau diesen Umgang in ihrer Paarbeziehung vorleben. Unter diesen Bedingungen kann davon ausgegangen werden, dass sich Kinder zu aufgeschlossenen, sozialen Persönlichkeiten entwickeln, die ein hohes Maß an Selbstständigkeit, Sensibilität, Verantwortungsbewusstsein und Selbstreflexion aufweisen.

4.5 Kritische Aspekte und Grenzen bei der Umsetzung des personenzentrierten Ansatzes

Eltern, die diese Richtung einer humanistischen Erziehung und personenzentrierten Haltung in der Familie einführen wollen, sehen sich sicherlich einer Vielzahl kritischer Fragen gegenüber. Diese Fragen könnten zum Beispiel lauten:

- In welchem Maß traue ich meinen Kindern zu, sich in einer fördernden Umgebung selbstständig und verantwortungsvoll verhalten und entwickeln zu können?

- Wie werde ich dabei mit meinen eigenen, mitunter ambivalenten Gefühlen fertig?

- Wodurch werde ich belohnt?

- Gelingt es mir überhaupt, in der Förderung der Entwicklung anderer Familienmitglieder ausreichend Befriedigung zu finden?

---

[89] Juul 2011, S.13 ff.

- Wie kann ich mich davor bewahren, meinen Erziehungsstil als vollkommen zu sehen? Denn Dogmatismus und Intoleranz sind in jedem Bereich eine Gefahr.

- Ist es nicht hoffnungslos idealistisch an die vollkommene Vertrauenswürdigkeit des Menschen zu glauben?

- Was mache ich, wenn ich mich irre und dieser Vertrauensvorschuss sich nicht bewährt?

Allgemeingültige Antworten auf diese Fragen kann es aufgrund der Einzigartigkeit jedes Individuums und jeder Familie nicht geben. Generell muss sich jeder diese Fragen selbst beantworten und, sofern er es möchte, seine persönliche Art und Weise finden, die personenzentrierten Wertvorstellungen im Leben umzusetzen. Grundsätzlich muss die Bereitschaft vorhanden sein, Risiken einzugehen, da eine personenzentrierte Haltung immer voraussetzt, dass auf Macht, und in Folge dessen auch auf Kontrolle verzichtet wird. Entscheiden sich nun Eltern bzw. eine Familie dazu, eine personenzentrierte Politik oder Kultur in ihr Familienleben einzuführen, ist es empfehlenswert, bei der Aufgabe von Macht in langsamen Schritten voranzuge-hen. Wenn Eltern mit einer traditionell ausgerichteten Erziehung mit einem Mal völlig auf Macht verzichten, empfinden wahrscheinlich alle Familienmitglieder Angst, und die Eltern wollen ihre Macht und Kontrolle wieder zurückgewinnen. Die Eltern emp-fänden den abrupten Verlust von Kontrolle als bedrohlich und fürchteten, dass alle eingeführten Regeln und Strukturen im Chaos untergehen könnten und das Zusam-menleben aus dem Ruder läuft. Die Kinder wurden in ihrem bisherigen Leben von niemandem darauf vorbereitet, wirklich eigenständig Entscheidungen zu treffen, Fehler zu machen und mit deren Folgen zu leben und eine vorübergehende Unge-wissheit auszuhalten, die durchaus existiert, während sie ihre „Richtung" im Leben suchen.[90] Sie benötigen dafür einen verständnisvollen und geduldigen Begleiter sowie eine unterstützende Atmosphäre, die ihnen selbst im Falle eines Scheiterns den Rücken stärken und genug Selbstbewusstsein geben, sich selbst lieben und akzeptieren zu können. Ebenso sind diese Bedingungen wichtig, damit Kinder auch bei Erfolgen lernen, diese genießen zu können, ohne dabei das Gefühl der Überle-genheit über einen anderen Menschen haben zu müssen. Diese Haltung im Alltags-

---

[90] Es drängt sich hier der Vergleich mit der Situation der Menschen aus der ehemaligen DDR auf, direkt nach der Wiedervereinigung.

leben einzuführen, zu internalisieren und dauerhaft zu leben ist kein leichtes Unterfangen und bedarf eines hohen Grades an Bewusstheit, Selbstreflexion und Vertrauen. Darüber hinaus ist es absolut notwendig, dass jedes Familienmitglied dies wirklich will und alle dabei an einem Strang ziehen.

An dieser Stelle drängen sich folgende Fragen auf: Ist überhaupt jede Familie geeignet und in der Lage, eine personenzentrierte Haltung zu leben? Sind gewisse kognitive Fähigkeiten eine Voraussetzung dafür? Ist es notwendig, dass alle Familienmitglieder psychisch und emotional stabil und gesund sind? Bedarf es tatsächlich keiner fachlichen Kenntnisse und keiner therapeutischen Begleitung? Wie kann man grundsätzlich seine Integrität bewahren und gleichzeitig eine Position in der Gesellschaft innehaben, die absolut konträr zu dem ist, was man anstrebt?

Rogers selbst erwähnt in seinem Buch „Der neue Mensch", dass seine Erfahrungen zwar durchaus bedeutsame Implikationen für die Zukunft erhalten, es aber dennoch diverse Probleme gibt, die nicht befriedigend gelöst werden konnten. Seine Erfahrungen beschränken sich z.B. nur auf die Bildung zeitlich begrenzter Gemeinschaften, sei es für die Dauer einer Therapie oder eines Workshops mit seinen Encounter-Gruppen. Darüber hinaus konnte keine Lösung gefunden werden, wie die Workshop Teilnehmer nach Beendigung der Gruppe ihre Erfahrungen und deren Gewinn mit in ihr Alltagsleben nehmen können, ohne dabei drastische Einbußen zu erleben.

Was die Frage nach der „Zielgruppe" betrifft, ist festzuhalten, dass die klientenzentrierte Therapie bei Kleinkindern im Alter von zwei Jahren und bei 65-Jährigen angewandt worden ist, bei gesunden sowie bei psychisch kranken Individuen (z.B. Neurotikern und klinisch diagnostizierten Psychopathen) und bei Menschen aus allen sozialen Schichten.[91] „Die erzielten Erfolge waren in jeder der Gruppierungen zu verzeichnen, bei einigen Individuen sehr deutlich, bei anderen weniger und bei wieder anderen misslang der Versuch, zu helfen. Untersuchungen diesbezüglich führten aber nicht zu dem Ergebnis, dass die klientenzentrierte Therapie bei einigen Gruppen anwendbar und bei anderen nicht anwendbar ist. "[92]

---

[91] Rogers 1983 S. 213
[92] Ebd. S. 213 f.

Diese Beobachtungen und Untersuchungen beziehen sich natürlich nur auf die klientenzentrierte Gesprächstherapie und somit auf die Beziehung zwischen einem ausgebildeten Therapeuten und seinem Klienten. Es kann aber zumindest davon ausgegangen werden, dass die Erkenntnis über die Anwendbarkeit der Therapie auf die genannten Gruppierungen vermuten lässt, dass die Attribute einer personenzentrierten Haltung generell in zwischenmenschlichen Beziehungen lebbar sind, ohne dass spezielle Voraussetzungen bezüglich Herkunft, Intellekt, Alter gegeben sein müssen. Generell kann die Aussage getroffen werden, dass eine Atmosphäre, die geprägt ist von Respekt, tiefem Verstehen und Akzeptanz für jeden Menschen angenehm ist und persönliches Wachstum fördert.

5   Fazit

Das Ziel dieser Ausarbeitung war es, die von Rogers entwickelten Aspekte des personenzentrierten Ansatzes auf das Leben in der Familie zu übertragen. Die in diesem Buch vorgestellte Vision einer personenzentrierten Familienkultur skizziert eine Art des zwischenmenschlichen Miteinanders, welches es Laien ermöglicht, ein personenzentriertes Zusammenleben zu entwickeln und aufrechtzuerhalten, ohne fundierte therapeutische oder pädagogische Kenntnisse zu haben und ohne dafür eine Therapie oder Beratung in Anspruch nehmen zu müssen. Das Ziel einer personenzentrierten Familienkultur ist die Verbesserung der Beziehungsqualität zwischen den einzelnen Familienmitgliedern und der Familie als Ganzes. Die Beziehungen werden tiefer, der Kontakt und die Kommunikation werden offener, transparenter, ehrlicher, intimer und emotionaler. Damit lernt jedes Mitglied der Familie sowohl sich selbst, als auch die anderen Familienmitglieder besser bzw. immer wieder besser kennen, was für die Entwicklung der Persönlichkeit sehr förderlich und befriedigend ist.

Rogers' Persönlichkeitstheorie sowie der darauf basierende personenzentrierte Ansatz entsprechen im Wesentlichen meinen persönlichen Überzeugungen. Die grundlegenden Annahmen, welche den Nährboden dieser Vision bilden sind:

- Der Mensch ist von Natur aus gut

- Jeder Mensch trägt eine Kraft in sich, die danach strebt, sich ständig weiterzuentwickeln und in seiner Struktur komplexer zu werden

- Es ist ein Grundbedürfnis jedes Menschen, sein Potential frei zu entfalten und sich in seiner Persönlichkeit weiterzuentwickeln. Dies ist nur unter der Voraussetzung eines förderlichen psychologischen Klimas möglich.

- Der Mensch strebt intuitiv danach, tiefe Begegnungen zu erfahren, die geprägt sind von Selbstoffenbarung und absoluter Wertschätzung.

Abschließend stelle ich nun in meinem persönlichen Plädoyer die Bedeutung von personenzentrierten Beziehungen dar und nehme dabei noch einmal Bezug zu Rogers theoretischen Zusammenhängen.

Die Angst, demaskiert zu werden, und die Sehnsucht, erkannt zu werden – ein echtes Dilemma[93]

Wenn Menschen diesen Satz lesen, stimmen sie sofort zu. Wenn sie die Zeilen des Sängers Xaivier Naidoo hören „Bitte hör nicht auf zu träumen, von einer besseren Welt . Fang wieder an aufzuräumen, bau sie auf, wie sie dir gefällt" dann weinen sie, weil sie sich tief berührt fühlen. Menschen besuchen Selbstfindungsseminare, für die sie viel Geld bezahlen, sie betrinken sich in geselligen Runden und genießen das Gefühl, sich dann hemmungsloser öffnen zu können, ihre Gefühle zu zeigen und sich mit anderen Menschen verbunden zu fühlen. Für einen Abend lang verschwindet diese Anspannung, die Einsamkeit und die graue Alltäglichkeit ihres Lebens. Unendlich viele Menschen stehen jeden Tag auf, ziehen sich an, fahren ins Büro, um einen Job zu machen, der sie weder erfüllt noch ihr Potential zum Ausdruck bringt, fahren dann nachhause, und halten sich durch den Gedanken an das Wochenende und den nächsten Urlaub motiviert. Tausende von Singles tummeln sich herausgeputzt und zurechtgemacht jeden Samstag Abend überall auf der Welt in Bars, Discos und auf Parties. Dort spielen sie die Rolle der/des interessanten, aufregenden, geselligen Frau/Mannes, die sich einfach gerne in Gesellschaft befinden und einen lustigen Abend erleben wollen. Im Grunde ihres Herzens aber

---

[93] Roth, S.27

ist ihnen dieses Massentheater schon lange zuwider, und sie sehnen sich nur danach, endlich von jemandem wirklich gesehen zu werden, sich verstanden und geliebt zu fühlen. Immer noch heiraten überall auf der Welt Paare und starten mit dem Traum der ewigen Liebe und Glückseligkeit in eine gemeinsame Zukunft. Dann bekommen sie Kinder, bauen sich ein Haus, machen einmal im Jahr gemeinsam Urlaub, gehen ab und zu mit befreundeten Paaren essen, sofern sie einen Babysitter für die Kinder finden, und nach einige Jahren der Routine und Oberflächlichkeit sind sie so automatisiert geworden, dass sie sich oft selbst nicht mehr fühlen. Die täglichen Rollen, die wir spielen, erfordern ein hohes Maß an Disziplin, an Organisation und Kontrolle. Wir tragen eine Maske, wenn wir unseren Job machen, eine, wenn wir ausgehen, eine wenn wir die perfekte Mutter spielen oder die liebenswerte Nachbarin im neuen Umfeld. Ab und zu, in ganz vertrauten Momenten, lassen wir es zu, dass der eine oder andere Mensch einen kurzen Blick hinter diese Maske werfen darf. Im Gegenzug erwarten wir aber, dass er dies genauso tut, damit man der Peinlichkeit der Bloßstellung entgeht, wenn man sich ganz alleine so nackt und verletzlich zeigt.

Die Sehnsucht des Menschen nach Nähe, nach Echtheit und Tiefgründigkeit ist kaum zu übersehen und dennoch verhält er sich genau konträr zu dieser Sehnsucht. Menschen halten Abstand in öffentlichen Verkehrsmitteln und setzen sich möglichst weit auseinander, gucken im Fahrstuhl starr zur Tür und meiden den Blickkontakt, fühlen sich peinlich berührt, wenn sie in der Öffentlichkeit weinen oder andere emotionale Ausbrüche nicht unter Kontrolle halten können. Rogers schreibt in seinem Buch „Die Kraft des Guten" ebenfalls über diese augenscheinliche Widersprüchlichkeit und begründet sie damit, dass Menschen sich mit diesem Rückzug vor jeglicher Art von Oberflächlichkeit schützen wollen. Es läge in der Natur des Menschen, sich in seiner Wahrhaftigkeit voll und ganz zum Ausdruck zu bringen. Sei es in privaten oder beruflichen Beziehungen, in kurzen Begegnungen mit fremden Menschen oder intensiven Gesprächen mit vertrauten Personen. Diese, jedem Menschen innewohnende Kraft, die Rogers Aktualisierungstendenz nennt, ist immer da, und je mehr ein Mensch sich in seinem ganzen Sein dieser Tendenz widersetzt, desto fremder wird er sich selbst und desto unerfüllter und unechter ist sein Leben. Die von Rogers so treffend formulierte „Entfremdung des Menschen" ist ein mittlerweile etablierter Kreislauf der Generationen. Ihn zu durchbrechen bedarf einer absoluten Bereitschaft zur Veränderung und der Überzeugung, dass es möglich ist ein völlig neues Miteinander unter den Menschen herzustellen. Ein Miteinander, welches geprägt ist von Echtheit, Ehrlichkeit, Tiefgründigkeit, Offenheit, Vertrautheit, Empathie und Liebe. Wo könnte man so eine grundlegende gesellschaftliche Veränderung beginnen, wenn nicht innerhalb des Systems Familie?!

Wenn es darum geht, das Verhältnis und die Interaktionen innerhalb einer Familie zu verändern, sehe ich den Ansatz immer zuerst in der Veränderung des Selbstbildes jeder einzelnen Person. Das Bewusstwerden über den Zusammenhang des persönlichen Wohnbefindens, z.B. der Mutter mit dem ihrer Kinder, ist eine wichtige Voraussetzung hierfür. Die Bezugsperson eines Kindes kann im Rahmen der Erziehung nur dann dafür sorgen, dass das Kind ein positives, selbstbewusstes Selbstbild entwickelt, wenn sie ihm ermöglicht, den Kontakt zu seinen eigenen Empfindungen, den eigenen Wünschen und zu dem organismischen Bewertungsprozess zu erhalten. Grundvoraussetzung hierfür ist natürlich die Fähigkeit der Bezugsperson, selbst kongruent zu sein. Die meisten erwachsenen Personen identifizieren sich aber nur noch über das Selbstkonzept, welches ausnahmslos durch die bewertenden Ansichten seiner Umwelt geformt wurde und deshalb ist es immer hilfreich, bedingungslose Wertschätzung kennen zu lernen, so dass das Individuum diese auch in seiner Beziehung zu sich selbst zu übernehmen lernt und sie dann gegenüber seinem Kind leben kann.

Um personenzentrierte Beziehungen zu entwickeln, muss das Machtgefälle zwischen zwei Menschen aufgelöst werden. Da in den meisten Kulturen eine Kontrolle „von oben nach unten" herrscht, ist die Aufgabe von Kontrolle natürlich mit der Angst verbunden, schwach auszusehen und Einbußen bezüglich des persönlichen Einflusses auf Entwicklungen und Entscheidungen zu haben. So gesehen handelt es sich bei einem Übergang zu einer personenzentrierten Erziehung und Familienkultur nicht nur um eine Reformierung bereits existierender Erziehungsstile, sondern vielmehr um eine Art Revolution der gesamten Erziehungs- und Familienpolitik sowie grundsätzlicher gesellschaftlicher Norm- und Wertvorstellungen.

Abschließend möchte ich den in Abschnitt 1.2 angekündigten Buchtitel „Die Vision der personenzentrierten Familie: Gemeinsam leben statt nur zusammenwohnen, oder lebst du schon?!" erläutern:

Im Bezug auf die Familie stelle ich gegenüber, das „Zusammen-wohnen" und das „Zusammen-leben". Ersteres ähnelt eher einer Wohngemeinschaft, in welcher man quasi *nebeneinander* wohnt und lebt. Letzteres gleicht einer intakten familiären Lebensgemeinschaft, deren Mitglieder einen liebevollen, empathischen Umgang *miteinander* haben: Sie schwingen „im Takt". Meines Erachtens kann die „Neue Familie" mit ihren offenen, ehrlichen zwischenmenschlichen Beziehungen als Korrektiv wirken. Das heißt: Ein „Zusammen-leben" im angeführten Sinne kann dazu dienen, Missstände, Mängel, Gegensätzlichkeiten, Ungleichheiten und Schieflagen auszugleichen.

6 Literaturverzeichnis

1. Online *Duden*. (2011). Abgerufen am 12. Juli 2011 von www.duden.de/rechtschreibung/familie

2. Bowlby, J., Fry, M., & Salter Ainsworth, M. D. (1953). *Child Care and the Growth of Love*. (M. Fly, Hrsg.) Penguin UK.

3. Bucay, J. (2010). *Liebe mit offenen Augen*. Frankfurt am Main: Fischer Taschenbuch Verlag.

4. Bundesamt, S. (2007). Statistisches Jahrbuch 2007 - Bevölkerung und Erwerbstätigkeit, Entwicklung der Privathaushalte bis 2005.

5. Gordon, T. (1989). *Die Neue Familienkonferenz*. München: Wilhelm Heyne Verlag.

6. Gordon, T. (1998). *Das Gordon-Modell, Anleitungen für ein harmonisches Leben – Eine Einführung*. (K. Breuer, & D. Schaumlöffel, Hrsg.) München: Heyne Verlag.

7. Haeberle, E. J., & de Gruyter, W. (1985). Die Sexualität des Menschen, Handbuch und Atlas (Kapitel 3, Punkt 11.2) (2 Ausg.). Berlin.

8. Heekerens, H.-P. (1993). Die Wirksamkeit des Gordon-Elterntraining. (R. Adam, & F. Specht, Hrsg.) Praxis der Kinderpsychologie und Kinderpsychiatrie - Ergebnisse aus Psychoanalyse, Psychologie und Familientherapie, S. 20-25.

9. Hofer, M., Klein-Allermann, E., & Noack, P. (1992). *Familienbeziehungen, Eltern und Kinder in der Entwicklung. Ein Lehrbuch*. Göttingen: Hogrefe Verlag für Psychologie.

10. Juul, J. (2011). *Die kompetente Familie, Neue Wege in der Erziehung* (7.Auflage Ausg.). (M. Voelchert, Hrsg., & A. d. Krüger, Übers.) München: Kösel-Verlag München in der Verlagsgruppe Random House GmbH.

11. Lüscher, K., Wehrspaun, M., & Lange, A. (1989). Begriff und Rhetorik von Familie. *Zeitschrift für Familienforschung 1 - Heft 2*, 62.

12. Rogers, C. R. (1962). *Toward becoming a fully-funtioning-person*. Abgerufen am 17. Juli 2011 von http://www.centerfortheperson.org/

13. Rogers, C. R. (1981). *Der neue Mensch*. (A. d. Stein, Übers.) Stuttgart: Klett-Cotta Verlag. Originalausgabe: Rogers, C. R. (1980). *A Way of Being*. Boston: Houghton Mifflin Company.

14. Rogers, C. R. (1983). *Die klientenzentrierte Gesprächspsychotherapie, Mit Beiträgen von Elaine Dorfman, Thomas Gordon und Nicholas Hobbs* (18.Auflage 2009 Ausg.). (E. Nosbüsch, Übers.) Frankfurt am Main: Fischer Taschenbuch Verlag. Originalausgabe: Rogers, C. R. (1951). *Client-Centered Therapy.* Boston : Houghton Mifflin Co.

15. Rogers, C. R. (1983). *Therapeut und Klient.* Frankfurt am Main: Fischer Verlag.

16. Rogers, C. R. (1985). *Die Kraft des Guten, Ein Appel zur Selbstverwirklichung.* Frankfurt am Main: Fischer Taschenbuch Verlag.

17. Rogers, C. R. (1987). *Encounter-Gruppen, Das Erlebnis der menschlichen Begegnung.* (E. Nosbüsch, Übers.) Frankfurt am Main: Fischer Taschenbuchverlag.

18. Rogers, C. R. (1988). Entwicklung der Persönlichkeit – Psychotherapie aus Sicht eines Therapeuten. (A. d. Giere, Übers.)

19. Rogers, C. R., & Schmidt, P. F. (1991). Person-zentriert, Grundlagen von Theorie und Praxis – mit einem kommentierten Beratungsgespräch von Carl Rogers. (4.Auflage Ausg.). Main: Matthias-Grünewald-Verlag.

20. Roth, P. (2009). *Der menschliche Makel.* Reinbek bei Hamburg : Rowohlt-Taschenbuch-Verlag.

21. Schiefele, H., & Krapp, A. (Hrsg.). (1981). *Handlexikon zur Pädagogischen Psychologie.* München: Franz Ehrenwirth Verlag.

22. Skynner, A. R. (1978). *Die Familie Schicksal und Chance, Handbuch der Familientherapie.* (H. Kober, Übers.) Olten: Walter-Verlag AG. Originalausgabe: Skynner, A. R. (1976). *One Flesh: Separate Persons.* London: Constable & Company Limited.

23. Tausch, R. (1998). *Erziehungspsychologie : Begegnung von Person zu Person / von Reinhard Tausch und Anne-Marie Tausch.* (11 Ausg.). Göttingen, Bern, Toronto, Seattle : Hogrefe, Verl. für Psychologie.

24. Böhmer, Otto (1994). *Sternstunden der Philosophie.* Becksche Reihe.

Autorenprofil

Nadja Baudry wurde 1977 in Buenos Aires geboren und verbrachte ihre frühe Kindheit in Argentinien. Nach ihrer Grundschulzeit in Hamburg zog sie 1988 mit ihrer Familie nach Kairo, wo sie die Deutsche Schule besuchte, welche sie im Jahre 1994 mit dem Zeugnis der Mittleren Reife verließ. Nach dem Abitur 1997 in Hamburg und einem „Interim-Jahr" in Argentinien machte die Autorin eine Ausbildung zur Europasekretärin und war vier Jahre in diesem Beruf tätig. Schließlich gewannen jedoch ihr eigentliches Interesse und ihre Leidenschaft die Oberhand. Geprägt durch ihre seelischen „Ein-Drücke" und ihre „Ein-Sichten" in die sozialen Umstände und familiären Verhältnisse der Menschen in den beiden Metropolen Buenos Aires und Kairo, begann sie 2005 ihr Studium der Sozialpädagogik an der Hochschule für Angewandte Wissenschaften in Hamburg. Sie beendete dieses erfolgreich mit dem Titel „Diplom Sozialpädagogin". Nadja Baudry ist verheiratet und hat einen zweijährigen Sohn. Sie lebt mit ihrer Familie in einem Vorort von Hamburg. Ihre persönlichen und beruflichen Erfahrungen in der Familien- und Jugendhilfe sowie in der Erziehungsberatung haben die Autorin zu neuen Ansätzen und Ideen des familiären Zusammenlebens inspiriert und die Gründung ihrer eigenen Familie führte schließlich zur Entstehung dieses Buches.